中学化学学习手册

陈 汉 主 编

杨秋旸 常 川 李天民 副主编

U0657795

清华大学出版社
北 京

内 容 简 介

本书主要面向初、高中学生及小学高年级学生，体现化学学科核心素养，贴近中、高考考试方向，内容丰富，表述生动、活泼。

每个单元首段用简洁的文字创设情景，引出每个单元所讲核心内容，既能提高读者的学习兴趣，又能引发读者主动思考；"知识大拼图"以《DK图解中学化学》为基础，结合国内教材、化学课程标准进行知识点梳理，以思维导图的形式呈现；"点点对对碰"将《DK图解中学化学》具体内容、知识点与化学课程标准相关的重要概念和考点内容相对应，并提供了适量需要解答的问题，供读者思考；"沙场秋点兵"从不同的角度筛选出一些典型的中考、高考真题和其他重点题，从思考过程、答题思路等角度对题目进行解析；"习题练手"提供少量重难点题目供读者巩固知识；另附部分经典题目视频讲解二维码，供读者观看。

图书在版编目（CIP）数据

中学化学学习手册 / 陈汉主编 . —北京：清华大学出版社，2022.5（2025.2重印）
ISBN 978-7-302-60304-7

Ⅰ.①中… Ⅱ.①陈… Ⅲ.①中学化学课 – 教学参考资料 Ⅳ.① G634.83

中国版本图书馆 CIP 数据核字（2022）第 039194 号

责任编辑：焦晨潇
封面设计：刘艳芝
责任校对：赵琳爽
责任印制：杨　艳

出版发行：清华大学出版社
　　　网　　址：https://www.tup.com.cn，https://www.wqxuetang.com
　　　地　　址：北京清华大学学研大厦A座　　　　邮　　编：100084
　　　社 总 机：010-83470000　　　　　　　　　邮　　购：010-62786544
　　　投稿与读者服务：010-62776969, c-service@tup.tsinghua.edu.cn
　　　质量反馈：010-62772015, zhiliang@tup.tsinghua.edu.cn
印 装 者：北京华联印刷有限公司
经　　销：全国新华书店
开　　本：183mm × 227mm　　　印　　张：8.25　　　字　　数：130千字
版　　次：2022年6月第1版　　　　　　　　　　　印　　次：2025年2月第5次印刷
定　　价：49.00元

产品编号：095280-02

编 委 会

前　言

化学物质在我们的生活中无处不在，如炒菜用的糖、盐、食醋、酱油等佐料，制作衣服所用的布料，制造汽车所用的钢铁、橡胶等材料。中学阶段，通过对化学基础知识、化学原理、化学实验等的学习，读者可以了解更多生活中常见的化学物质和化学现象，在进行科学探究的过程中，不断提升科学思维能力。本书将引领读者巧妙、高效地学习中学化学相关内容，提升化学核心素养。

为了使读者更好地学习和理解《DK 图解中学化学》，本书编者参照化学课程标准（即教育部发布的《义务教育化学课程标准（2022 年版）》和《普通高中化学课程标准（2017 年版 2020 年修订）》），以及我国初、高中多版化学教材，并结合自己的教学经验，基于国内中、高考考试方向，精心编写。在编写过程中，编者以实际生活中的观察和思考为出发点，注重趣味性、科普性、方法性和系统性，通过简约的文字和思维导图等启迪读者的思维，帮助读者一起认识和理解神奇的化学现象。本书具有化学学科学习的指导性和实用性，紧跟国内考试方向，与中考、高考接轨，清晰地梳理和表述重要化学概念与原理，可以科学、有效地检测读者的学习效果，更好地激发读者对化学科学的学习兴趣，提升其学习理解能力和问题解决能力。

本书共 15 个单元，每个单元分 4 个栏目，分别是"知识大拼图""点点对对碰""沙场秋点兵"和"习题练手"。"知识大拼图"可以使读者快速、清晰地掌握本单元的知识内容脉络，其中黑色字代表国内教材和《DK 图解中学化学》均涉及的知识内容，红色字代表前者不涉及而后者涉及的拓展内容，蓝色字代表前者具有但后者不涉及的内容。"点点对对碰"中的要点梳理提出了适量问题，用于读者学习成果的自我检测，其中无底色标号的为《DK 图解中学化学》拓展内容，浅蓝色底色标号的为初中学习内容，深蓝色底色标号的为高中学习内容，并对应配有化学课程标准的具体要求。"沙场秋点兵"与"习题练手"选用各省、市的中、高考真题或重点题等，还有部分编者通过多年教学经验编写的原创题，可用于读者检测自身对相关知识点的理解程度及学习效果，并对经典题目配视频讲解二维码。

　　本书编写团队由深圳第二外国语学校和深圳中学的 14 位具有丰富教学经验的一线教师组成。具体分工：陈汉、李天民担任统筹工作；杨秋旸负责第 1、2 单元编写工作；陈柳丰负责第 3 单元编写工作；阮荣毅负责第 4 单元编写工作；王倩负责第 5 单元编写工作；陈汉负责第 6、10 单元编写工作；刘雅婷负责第 7 单元编写工作；戚贵金负责第 8 单元编写工作；林强负责第 9 单元编写工作；肖瑞负责第 11 单元编写工作；郑志伟负责第 12 单元编写工作；常川负责第 13、15 单元编写工作；杨媛负责第 14 单元编写工作；陈汉、李天民、李惟熔负责统稿、定稿工作；刘雅婷负责全书经典题目视频讲解录制工作。

　　本书能够顺利编写，得益于深圳第二外国语学校校长王东文的大力支持，在此表示衷心地感谢！

　　本书的编写过程中由于某些局限，难免存在一些不足，敬请读者谅解的同时，也希望读者提出宝贵的修改意见。在此致以最真挚的感谢！

编　者

2022 年 4 月于深圳

目录

第1单元
科学探究方法

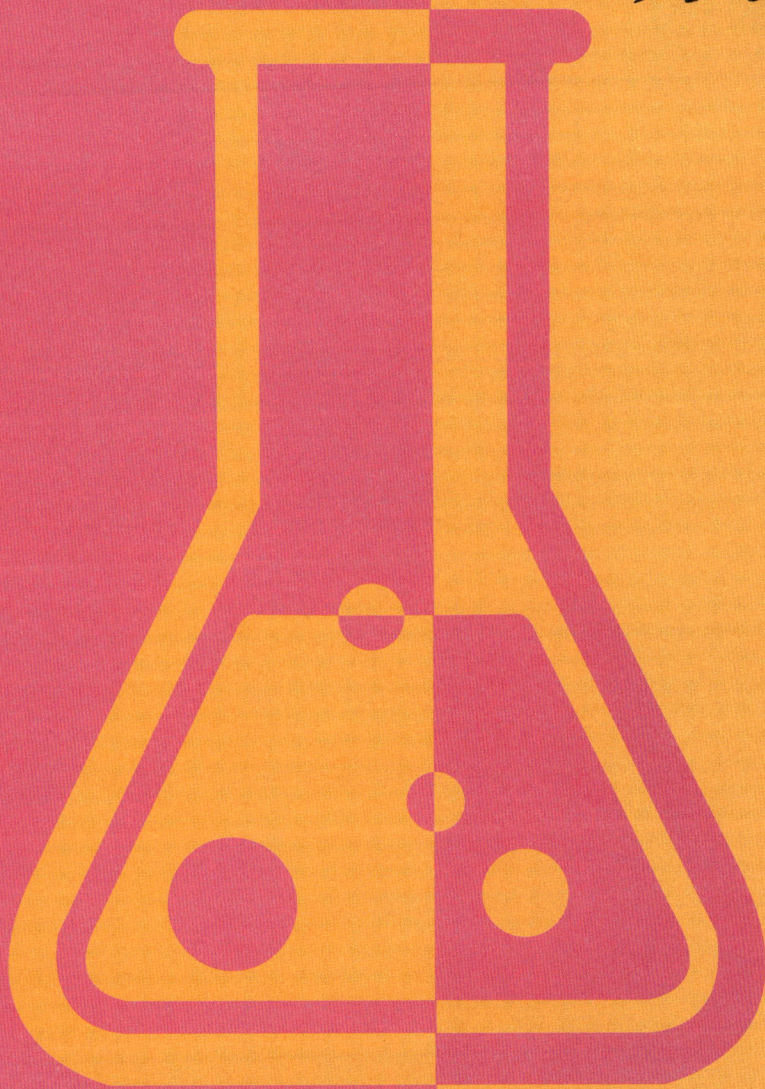

　　化学的快速发展使人类文明进入发展的快车道。随处可见的橡胶、塑料、玻璃、涂料等化学制品为人类提供了越来越多的生活和生产资料。你知道这些化学制品是怎样产生的吗？你知道生活中金属为什么会生锈吗？你知道美丽的钟乳石是怎样形成的吗？人类认识大自然和物质变化经历了漫长的过程，从最初的猜想到无数的实验，化学探究让一切成为可能。那化学探究到底是怎么一回事呢？接下来，让我们通过学习这一单元揭开化学神秘的面纱吧！

知识大拼图

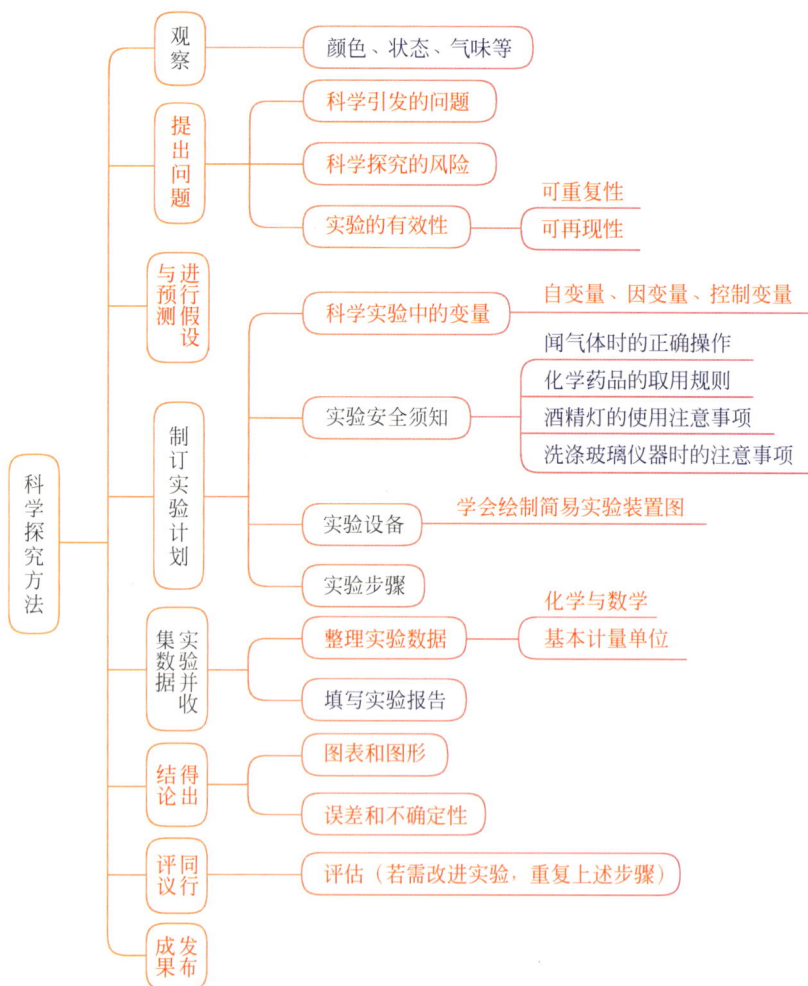

点点对对碰

下面我们一起结合《DK图解中学化学》进行要点梳理吧！

在梳理的过程中，尝试回答表中的问题，看一看能否回答出来。如果答不出，请再次阅读《DK图解中学化学》或者求助父母、老师吧！

主要内容	《DK图解中学化学》章节	《DK图解中学化学》要点梳理（学习检测：尝试回答下列问题）	化学课程标准要求
科学探究的一般步骤	1-1① 怎样进行科学探究 1-5 科学实验中的变量 1-7 实验设备 1-8 实验步骤 1-13 结论 1-15 评估	1. 科学探究包含哪些步骤？ 2. 科学实验中的变量包括哪些？如何理解控制变量？ 3. 你都认识了哪些化学实验仪器，能说出使用它们时的一些注意事项吗？	**《义务教育化学课程标准》**② 主题（一）科学探究与化学实验 【内容要求】 了解科学探究过程包括提出问题、形成假设、设计并实施实验或调查方案、获取证据、分析解释数据、形成结论及建构模型、反思评价及表达交流等要素。 【学业要求】 能结合具体探究活动说明科学探究的要素及各要素之间的关系。 能设计简单的实验方案或实践活动方案。
		1. 经过本单元的学习，你能设计一个实验来验证食醋和柠檬汁均可以除水垢吗？ 2. 食醋和柠檬汁哪个除水垢的效果更好？ 3. 实验的过程中，你都用到了哪些仪器，你是怎样设计实验的步骤的？	**《普通高中化学课程标准》**③ 必修主题1"化学科学与实验探究" 【内容要求】 认识科学探究是进行科学解释和发现、创造和应用的科学实践活动。 了解科学探究过程包括提出问题和假设、设计方案、实施实验、获取证据、分析解释或建构模型、形成结论及交流评价等核心要素。 理解从问题和假设出发确定研究目的、依据研究目的设计方案、基于证据进行分析和推理等对于科学探究的重要性。

① 根据《DK图解中学化学》目录顺序进行标号，根据化学学科学习习惯进行排序。
② 中华人民共和国教育部制定.义务教育化学课程标准（2022年版）[M].北京：北京师范大学出版社，2022.
③ 中华人民共和国教育部制定.普通高中化学课程标准（2017年版2020年修订）[M].北京：人民教育出版社，2020.

续表

主要内容	《DK 图解中学化学》章节	《DK 图解中学化学》要点梳理（学习检测：尝试回答下列问题）	化学课程标准要求
科学会引发的问题	1-2 科学引发的问题 1-3 科学探究的风险	1. 科学实验中存在哪些风险？ 2. 科学实验中存在哪些伦理问题？ 3. 你能举例说出科学发展对人类生活的利和弊吗？	**《普通高中化学课程标准》** 必修主题 5 "化学与社会发展" 【内容要求】 树立"绿色化学"的观念，形成资源全面节约、物能循环利用的意识。 认识化学对于构建清洁低碳、安全高效的能源体系所能发挥的作用，体会化学对促进人与自然和谐相处的意义。 体会化学对环境保护的作用。了解关于污染防治、环境治理的相关国策、法规，强化公众共同参与环境治理的责任。
实验的有效性	1-4 实验的有效性	1. 实验的有效性包含哪几个方面？ 2. 需要从哪些方面考虑可以保证实验的有效性？	**《义务教育化学课程标准》** 主题（一）科学探究与化学实验 【内容要求】 初步学会观察实验现象，并如实记录、处理实验数据，撰写实验报告等技能。 【学业要求】 能正确选取实验试剂和仪器，依据实验方案完成必做实验，并能全面、准确地记录实验过程和现象。
实验安全问题	1-6 实验安全须知	1. 实验中应该注意哪些安全问题？ 2. 你会辨识常见的危险标志吗？	**《普通高中化学课程标准》** 必修主题 1 "化学科学与实验探究" 【内容要求】 树立安全意识和环保意识。熟悉化学品安全使用标识，知道常见废弃物的处理方法，知道实验室突发事件的应对措施，形成良好的实验工作习惯。
实验数据的整理	1-11 基本计量单位 1-12 图表和图形 1-9 整理实验数据 1-10 化学与数学 1-14 误差和不确定度	1. 为了提高实验数据的准确性，通常会进行多次实验，采集的数据中若出现较大偏差，该如何处理？ 2. 国际单位制中常见的物理量及其计量单位有哪些？ 3. 实验中选用的测量仪器对测量数据的精确度有哪些影响？你能举例说明吗？	**《义务教育化学课程标准》** 主题（一）科学探究与化学实验 【内容要求】 通过具体的实验活动初步形成化学实验探究的一般思路与方法，知道围绕实验目的确定实验原理，选择实验仪器，组装实验装置，设计实验步骤，实施实验并完成实验记录，基于实验事实得出结论。

沙场秋点兵

例❶ 【初中】化学实验过程中要规范操作，注意实验安全。下列有关做法错误的是（　　　）。

A. 洒在桌面上的酒精燃烧起来，立即用湿抹布扑灭

B. 做铁丝在氧气中燃烧实验时，在集气瓶底部要预先倒入少量水或铺薄层细砂

C. 点燃氢气前，一定要先检验氢气的纯度

D. 给试管中的药品加热时试管口一定要略向下倾斜

【答案】D

解析

A. 洒在桌面上的酒精燃烧起来，用湿抹布扑灭，可以隔绝氧气，故A项正确；B. 做铁丝在氧气中燃烧实验时，在集气瓶底部要预先倒入少量的水或铺薄层细砂，可以防止反应产生熔融状态的四氧化三铁炸裂集气瓶底，故B项正确；C. 可燃性气体点燃前均需要验纯，防止爆炸的发生，故C项正确；D. 给试管内固体加热时，试管口要略向下倾斜，给试管内的液体加热时，试管与桌面成45°角，而不是向下倾斜，故D项错误。

例❷ 【中考·邵阳】下图所示的化学实验基本操作中，错误的是（　　　）。

A. 倾倒液体

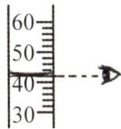
B. 量取液体

C. 点燃酒精灯

D. 滴加液体

【答案】D

解析

A. 倾倒液体时，试剂瓶口紧贴试管口，标签向着手心，瓶塞要倒放，故A项正确；B. 用量筒量取液体，读数时，视线要与量筒内液体的凹液面的最低处保持水平，故B项正确；C. 点燃酒精灯时，用火柴点燃，绝对禁止用燃着的酒精灯去点燃另一个酒精灯，故C项正确；D. 用胶头滴管向试管内滴加液体时，滴管要竖直、悬空，不能伸入试管内，故D项错误。

例③ 【初中】控制变量是化学实验中常用的一种研究方法。下列实验方案设计不合理的是（　　）。

A. 探究催化剂用量对反应速率的影响时，等体积 6% 的双氧水和不同质量的二氧化锰混合，测定收集相同体积氧气所需要的时间

B. 探究温度对分子运动速率的影响时，在相同规格的两只烧杯中分别加入等体积的热水和冷水，再各加一滴红墨水，比较红墨水在水中的扩散速率

C. 比较相同条件下氧气和二氧化碳在水中溶解的多少时，用两个相同型号的塑料瓶各收集一瓶氧气和二氧化碳，再分别注入等量的水，旋紧瓶盖，振荡，观察塑料瓶变瘪的程度

D. 比较两种天然水中含钙、镁的可溶性物质含量的高低时，取等体积不同地区的两种天然水，分别加入不同体积的同种肥皂水，振荡，观察产生泡沫的多少

【答案】D

解析
A. 用等体积等质量分数的双氧水和不同质量的二氧化锰混合，符合控制变量的要求，测定收集相同体积氧气所需要的时间，可以探究催化剂用量对反应速率的影响，设计合理；B. 同规格的烧杯，加入等体积的热水和冷水，分别滴入一滴红墨水，可以比较在不同温度下红墨水在水中的扩散速率，设计合理；C. 二氧化碳能溶于水，氧气不易溶于水，用两个相同的塑料瓶各收集一瓶氧气和二氧化碳，再分别注入等体积的水，旋紧瓶盖，振荡，通过观察塑料瓶变瘪的程度，比较氧气和二氧化碳在水中溶解性的强弱，符合控制变量的要求，设计合理；D. 等体积不同地区的水，加入不同体积的同种肥皂水，除探究要素不同之外，所加肥皂水的体积也不同，故不能比较两种天然水中含钙、镁的可溶性物质含量的高低，设计不合理。

例④ 【中考·盐城】小明同学记录的下列实验操作正确的是（　　）。

A. 浓硫酸稀释，将水倒入浓硫酸

B. 闻气体气味，靠近瓶口吸气

C. 氢气验纯：试管口向上移近火焰

D. 比较黄铜片与铜片的硬度：相互刻画

【答案】D

解析
A. 浓硫酸稀释，应将浓硫酸倒入水中，并用玻璃棒不断搅拌，防止局部温度过高液体飞溅，故 A 项错误；B. 闻气体气味应用扇闻法，不能靠近瓶口吸气，容易呛到，故 B 项错误；C. 氢气密度比空气小，为防止氢气逸出，应将试管口向下移近火焰，故 C 项错误；D. 比较黄铜片与铜片的硬度可以用相互刻画的方法，故 D 项正确。

习题练手

1.【初中】下列符合化学实验安全的是（　　　）。

　　A. 易燃易爆药品直接放在火源旁边

　　B. 随意丢弃实验室剩余药品

　　C. 加热时试管口朝向自己

　　D. 洒出的酒精在桌面燃烧，用湿抹布扑灭

2.【初中】下列实验操作正确的是（　　　）。

　　A. 闻气体气味　　　B. 点燃酒精灯　　　C. 过滤　　　D. 移开蒸发皿

3.【初中】下列实验仪器名称错误的是（　　　）。

　　A. 蒸发皿　　　B. 直形冷凝管　　　C. 漏斗　　　D. 蒸馏烧瓶

4.【初中】下列实验操作不正确的是（　　　）。

　　A. 分液时，上层液体上口出，下层液体下口出

　　B. 蒸馏烧瓶内液体的体积不超过其容积的 $\frac{2}{3}$

　　C. 蒸发结晶时，当蒸发到剩有少量液体时，停止加热，利用余热将液体蒸干

　　D. 过滤时，为了加快过滤，可以用玻璃棒搅拌漏斗内待过滤的液体

第2单元
基础化学

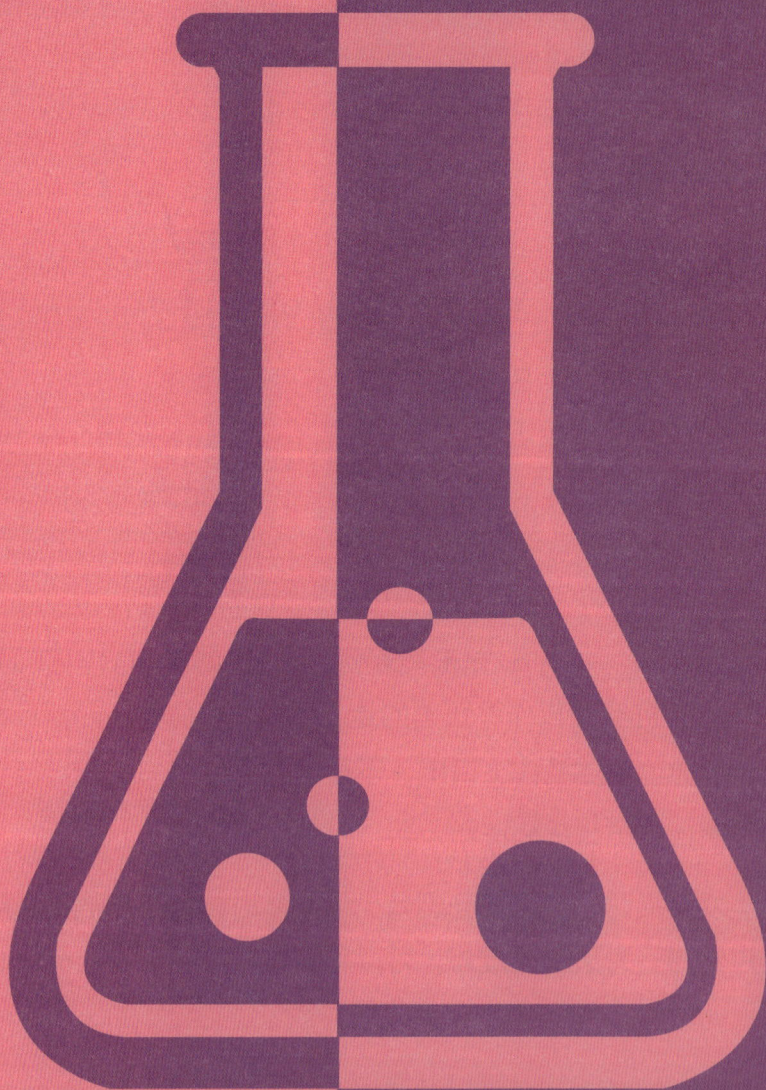

　　将一勺红糖放入水中，会看到什么现象？为什么水可以反应生成氢气和氧气，却不能直接变成油？为了研究这些现象，科学家从微观上建立了原子、分子的模型，提出了元素的概念，构建了化学式、化学反应方程式等。可是自然界中的物质如此浩瀚、复杂，我们应该怎样去研究呢？对物质进行合理分类，掌握基本的实验操作方法显然是我们的必要选择。接下来，让我们一起从认识原子开始，进入神奇的化学世界吧！

知识大拼图

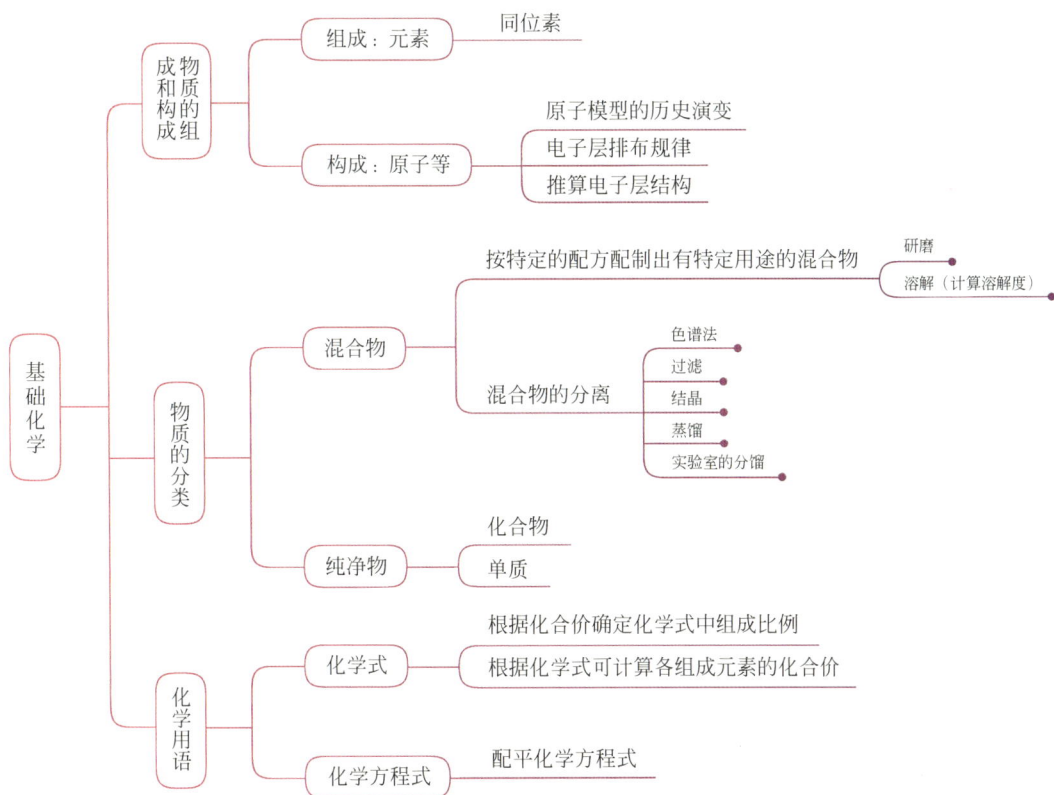

点点对对碰

下面我们一起结合《DK 图解中学化学》进行要点梳理吧！

在梳理的过程中，尝试回答表中的问题，看一看能否回答出来。如果答不出，请再次阅读《DK 图解中学化学》或者求助父母、老师吧！

主要内容	《DK 图解中学化学》章节	《DK 图解中学化学》要点梳理（学习检测：尝试回答下列问题）	化学课程标准要求
化学用语	2–1 原子 2–2 原子模型的历史演变 2–3 电子层 2–4 推算电子层结构 2–5 元素 2–6 同位素 2–7 混合物 2–8 化合物 2–9 化学式 2–10 化合价与化学式 2–11 化学方程式 2–12 配平化学方程式 2–13 纯净物	1. 你觉得原子的结构可以类比成我们日常生活中常见的哪些物质呢？ 2. 你能说出原子模型历史演变的过程吗？ 3. 混合物和化合物的区别是什么？ 4. 如何根据常见化合价书写化学式？ 5. 如何进行化学方程式的书写和配平？ 6. 元素和同位素有什么关系？ 7. 你能通过元素周期表，画出 1~18 号元素的原子结构示意图吗？ 8. 谈一谈你对化合价形成的认识。	**《义务教育化学课程标准》** 主题（二）物质的性质与应用 【学业要求】 能依据物质的组成对物质进行分类，并能识别纯净物和混合物、单质和化合物。 主题（三）物质的组成和结构 【内容要求】 认识物质是由元素组成的，知道质子数相同的一类原子属于同种元素，了解在化学反应中元素的种类是不变的，初步认识元素周期表。 知道可以用符号表示物质的组成，认识表示分子、原子、离子的符号，知道常见元素的化合价，学习用化学式表示常见物质组成的方法。 【学业要求】 能对元素进行简单分类，能识记并正确书写常见元素的名称和符号，能从组成物质的元素的角度判断物质的类别。 能用化学式表示某些常见物质的组成，能分析常见物质中元素的化合价。 **《普通高中化学课程标准》** 必修主题 3"物质结构基础与化学反应规律" 【内容要求】 认识原子结构、元素性质与元素在元素周期表中位置的关系。了解原子核外电子的排布。

续表

主要内容	《DK 图解中学化学》章节	《DK 图解中学化学》要点梳理（学习检测：尝试回答下列问题）	化学课程标准要求
混合物的配制	2-14 配方 2-15 溶解 2-16 研磨 2-17 溶解度 2-18 计算溶解度	1. 你会用食盐配制 100 g，质量分数为 5% 的食盐溶液吗？为了加快溶解，你会采取哪些措施？ 2. 100 g 的水中最多可以溶解多少食盐？计算一下吧！ 3. 如果给食盐饱和溶液加热，还能继续溶解更多的食盐进去吗？	《义务教育化学课程标准》 主题（二）物质的性质与应用 【内容要求】 认识溶解和结晶现象；知道溶液是由溶质和溶剂组成的，具有均一性和稳定性；知道绝大多数物质在溶剂中的溶解是有限度的，了解饱和溶液和溶解度的含义。 知道溶质质量分数可以表示浓度，认识溶质质量分数的含义，学习计算溶质质量分数和配制一定溶质质量分数的溶液的基本方法。 【学业要求】 能从定性和定量的视角，说明饱和溶液、溶解度和溶质质量分数的含义；能进行溶质质量分数的简单计算。
混合物的分离和提纯	2-19 色谱法 2-20 过滤 2-21 蒸发 2-22 结晶 2-23 蒸馏 2-24 实验室中的分馏	1. 想一想：过滤、蒸发、结晶都有哪些注意事项？ 2. 如果不小心将食盐撒落在地上，你如何对其进行回收并分离提纯呢？ 3. 你能说出常见分离提纯方法适用的对象吗？ 4. 家用自来水的净水器是什么净水原理？你自己可以设置一个将自来水转化为蒸馏水的实验吗？在实验的操作过程中要注意哪些安全问题呢？	《义务教育化学课程标准》 主题（一）科学探究与化学实验 【内容要求】 初步学会根据某些性质检验和区分一些常见的物质。 初步学习使用过滤、蒸发的方法对混合物进行分离。 【学业要求】 能基于必做实验形成的探究思路与方法，结合物质的组成及变化等相关知识，分析解决真实情境中的简单实验问题。 《普通高中化学课程标准》 必修主题 1"化学科学与实验探究" 【内容要求】 初步学会物质检验、分离、提纯和溶液配制等化学实验基础知识和基本技能。

沙场秋点兵

例① 【中考·武威】图甲为镁元素在元素周期表中的部分信息，A、B、C、D、E 为五种原子的结构示意图，请回答下列问题。

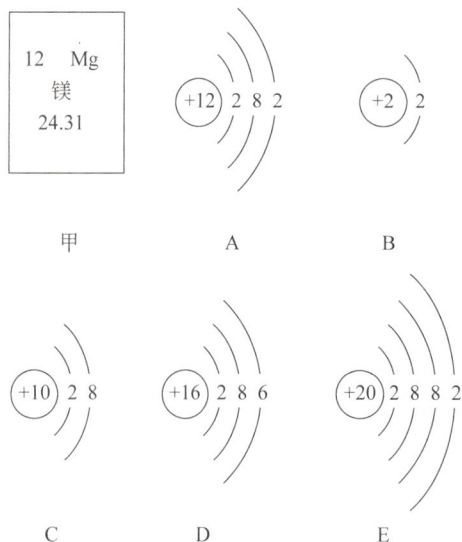

12　Mg
镁
24.31

甲　　　A　　　B

C　　　D　　　E

（1）镁元素的原子序数为_____。

（2）D 和 E 表示的元素在一定条件下能够形成化合物，这种化合物用化学式表示为_____。

（3）B、C、D、E 原子结构示意图中，与镁原子的化学性质相似的是_____。

（4）已知原子的核外电子层数与元素所在元素周期表中周期数相同，则镁元素在元素周期表中排在第_____周期。

【答案】（1）12　（2）CaS　（3）E　（4）三

解析

（1）根据镁元素在元素周期表左上方的信息可知，镁元素的原子序数为 12。（2）D（硫元素）和 E（钙元素）表示的元素在一定条件下能够形成化合物硫化钙，硫化钙中，硫元素化合价是 -2，钙元素化合价是 +2，根据化合物中各元素正、负化合价代数和为 0 可知，硫化钙化学式是 CaS。（3）B、C、D、E 原子结构示意图中，与镁原子的化学性质相似的是 E，是因为它们最外层电子数相等，B 最外层电子数是 2，但是 B 是氦气，化学性质极不活泼。（4）已知原子的核外电子层数与元素所在元素周期表中周期数相同，镁元素原子核外电子层数是 3，在元素周期表中排在第三周期。

例② 【中考·佛山】下列有关溶液的说法正确的是（　　）。

A. 配制好 6% 的 NaCl 溶液，装瓶时不小心洒漏一部分，瓶中 NaCl 溶液浓度仍为 6%

B. 长期放置后不会分层的液体一定是溶液

C. KNO₃ 饱和溶液一定比不饱和溶液溶质质量分数大

D. 降低饱和溶液的温度，一定有晶体析出

【答案】A

解析

A. 溶液具有均一性，配制好 6% 的 NaCl 溶液，装瓶时不小心洒漏一部分，溶质的质量分数不变，故该选项说法正确。B. 长期放置后不会分层的液体不一定是溶液，如水是长期放置后不会分层的液体，但属于纯净物，不属于溶液，故该选项说法错误。C. KNO₃ 饱和溶液不一定比不饱和溶液溶质质量分数大，如低温时的 KNO₃ 饱和溶液中溶质的质量分数可能小于温度较高时 KNO₃ 不饱和溶液中溶质的质量分数，故该选项说法错误。D. 对于溶质的质量分数随着温度的降低而增大的物质，降低饱和溶液的温度，没有晶体析出，故该选项说法错误。

例③ 【初中】分离氯化钾和二氧化锰的混合物，下列操作正确的是（　　）。

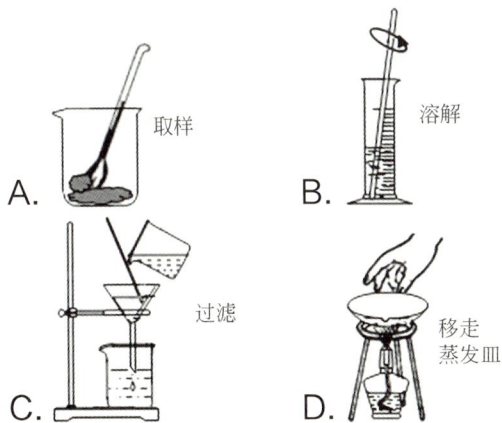

A. 取样

B. 溶解

C. 过滤

D. 移走蒸发皿

【答案】A

解析

A. 取用固体粉末状药品时，应用药匙取用，用药匙向烧杯中加入适量的氯化钾和二氧化锰的混合物，图中所示操作正确。B. 溶解操作应在烧杯中进行，不能在量筒内进行，图中所示操作错误。C. 过滤液体时，要注意"一贴、二低、三靠"的原则，图中漏斗下端没有紧靠在烧杯内壁上，图中所示操作错误。D. 正在加热的蒸发皿温度较高，为防止烫伤手，不能用手直接拿热的蒸发皿，应用坩埚钳夹取，图中所示操作错误。

例④　【中考·扬州】$FeCl_3$ 溶液用于制作印刷电路板，反应方程式为 $2FeCl_3+Cu \xLongequal{\quad} CuCl_2+2X$。X 的化学式是（　　）。

A. Fe

B. $FeCl_2$

C. $Fe(OH)_2$

D. $Fe(OH)_3$

【答案】B

🔖 **解析**

根据元素守恒定律，可以推测出完整的化学方程式为 $2FeCl_3+Cu \xLongequal{\quad} CuCl_2+2FeCl_2$，所以 X 的化学式为 $FeCl_2$。

例⑤　【初中】下列实验中，所采取的分离方法与原理都正确的是（　　）。

选项	实验	分离方法	原理
A.	分离、提纯胡萝卜素异构体	色谱法	样品中不同组分在固相和液相间的分配不同
B.	除去 NH_4Cl 溶液中的 $FeCl_3$	加 NaOH 溶液后过滤	Fe^{3+} 转化为 $Fe(OH)_3$ 沉淀
C.	除去 KNO_3 固体中混杂的 NaCl	重结晶	NaCl 在水中的溶解度很大
D.	除去正丁醇（沸点为 118 ℃）中的甲醇（沸点为 65℃）	蒸发	正丁醇与甲醇的沸点相差较大

【答案】A

🔖 **解析**

A. 由于植物色素中不同组分在固相和液相间的分配不同，故可用色谱法分离、提纯胡萝卜素异构体，故正确；B. NH_4Cl、$FeCl_3$ 均与 NaOH 反应，除杂时可选用氨水，然后过滤除去 $Fe(OH)_3$，故错误；C. KNO_3、NaCl 在不同温度下溶解度变化差别较大，故可用重结晶法除去 KNO_3 中的杂质 NaCl，故错误；D. 二者互溶，且正丁醇与甲醇的沸点相差较大，可以用蒸馏的方法分离，故错误。

习题练手

1.【初中】反应方程式 $Al+Fe_3O_4 \longrightarrow Fe+Al_2O_3$ 配平后，Fe 前面的化学计量数是（　　）。

    A. 3　　　　　　　　B. 6　　　　　　　　C. 9　　　　　　　　D. 12

2.【高中】1996 年 8 月，我国科学家首次制出一种新核素镅 –235，已知镅（Am）的原子序数为 95，下列关于 $^{235}_{95}Am$ 的叙述错误的是（　　）。

    A. 镅 –235 和镅 –237 互为同位素

    B. 镅 –235 与铀 –235 具有相同的质子数

    C. 镅 –235 原子核内中子数为 140，核外电子数为 95

    D. 镅 –235 的原子质量约为 ^{12}C 原子质量的 19.6 倍

3.【高中】下列关于分离和提纯物质的方法的说法，正确的是（　　）。

    A. 色谱法通常用于分离结构相近、物理性质和化学性质相似的物质。纸层析法就是一种简单的色谱分析法

    B. 用渗析的方法从油脂皂化混合物中分离出肥皂

    C. 用溶解、过滤的方法提纯含有少量硫酸钡的碳酸钡

    D. 用分液漏斗分离单质溴和四氯化碳

4.【初中】地球深处的水处于超临界状态，称为超临界水。下图为某压强下 $CaCl_2$ 和 NaCl 在超临界水中的溶解度曲线，该压强下，下列说法正确的是（　　）。

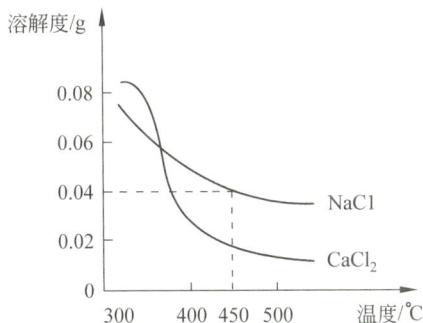

视频讲解

A. 在超临界水的 $NaCl$ 溶解度大于 $CaCl_2$ 的溶解度

B. 在超临界水中两种物质的溶解度都随温度升高而减小

C. 大于 450℃时，$NaCl$ 在超临界水中的溶解度为 0.04 g

D. 450℃，可得 0.04% 的 $CaCl_2$ 的超临界水溶液

5.【中考·福建】已知芯片的主要材料为高纯度的单质硅。

请回答以下与硅有关的问题。

（1）下图是硅元素在元素周期表中的相关信息及其原子结构示意图。

硅元素属于＿＿＿＿＿＿＿（填"金属"或"非金属"）元素，硅原子的电子数为＿＿＿＿＿＿＿＿。

（2）工业上制粗硅原理：二氧化硅与碳单质在高温条件下生成单质硅和一种可燃性气体物质，请写出该反应的化学方程式：＿＿＿＿＿＿＿＿＿＿＿＿＿＿＿。

（3）下列原子结构示意图中，与硫原子的化学性质最相似的是＿＿＿＿＿＿（填字母）。

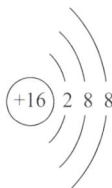

| A | B | C | D |

第3单元
元素

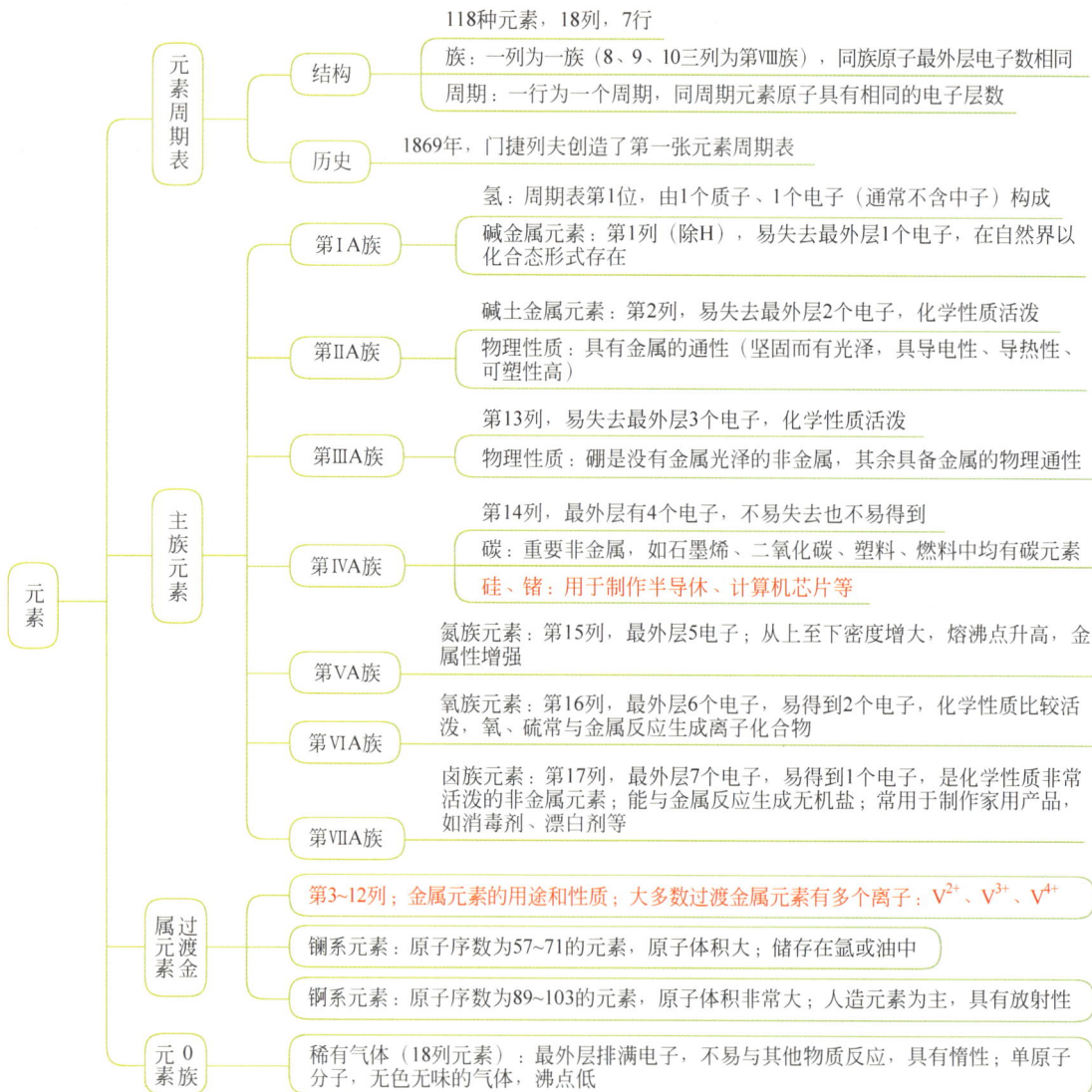

　　丰富多彩的物质世界由多种元素组成。科学家运用分类整理的方法对目前已知的 118 种元素进行了研究，形成了最新的元素周期表。如何认识元素周期表？如何根据元素周期表来认识这 118 种元素的性质？接下来，让我们一起从本单元中找出答案吧！

知识大拼图

- 元素
  - 元素周期表
    - 结构
      - 118种元素，18列，7行
      - 族：一列为一族（8、9、10三列为第Ⅷ族），同族原子最外层电子数相同
      - 周期：一行为一个周期，同周期元素原子具有相同的电子层数
    - 历史
      - 1869年，门捷列夫创造了第一张元素周期表
  - 主族元素
    - 第ⅠA族
      - 氢：周期表第1位，由1个质子、1个电子（通常不含中子）构成
      - 碱金属元素：第1列（除H），易失去最外层1个电子，在自然界以化合态形式存在
    - 第ⅡA族
      - 碱土金属元素：第2列，易失去最外层2个电子，化学性质活泼
      - 物理性质：具有金属的通性（坚固而有光泽，具导电性、导热性、可塑性高）
    - 第ⅢA族
      - 第13列，易失去最外层3个电子，化学性质活泼
      - 物理性质：硼是没有金属光泽的非金属，其余具备金属的物理通性
    - 第ⅣA族
      - 第14列，最外层有4个电子，不易失去也不易得到
      - 碳：重要非金属，如石墨烯、二氧化碳、塑料、燃料中均有碳元素
      - 硅、锗：用于制作半导体、计算机芯片等
    - 第ⅤA族
      - 氮族元素：第15列，最外层5电子；从上至下密度增大，熔沸点升高，金属性增强
    - 第ⅥA族
      - 氧族元素：第16列，最外层6个电子，易得到2个电子，化学性质比较活泼，氧、硫常与金属反应生成离子化合物
    - 第ⅦA族
      - 卤族元素：第17列，最外层7个电子，易得到1个电子，是化学性质非常活泼的非金属元素；能与金属反应生成无机盐；常用于制作家用产品，如消毒剂、漂白剂等
  - 过渡金属元素
    - 第3~12列；金属元素的用途和性质；大多数过渡金属元素有多个离子：V^{2+}、V^{3+}、V^{4+}
    - 镧系元素：原子序数为57~71的元素，原子体积大；储存在氩或油中
    - 锕系元素：原子序数为89~103的元素，原子体积非常大；人造元素为主，具有放射性
  - 0族元素
    - 稀有气体（18列元素）：最外层排满电子，不易与其他物质反应，具有惰性；单原子分子，无色无味的气体，沸点低

点点对对碰

下面我们一起结合《DK 图解中学化学》进行要点梳理吧!

在梳理的过程中,尝试回答表中的问题,看一看能否回答出来。如果答不出,请再次阅读《DK 图解中学化学》或者求助父母、老师吧!

主要内容	《DK 图解中学化学》章节	《DK 图解中学化学》要点梳理（学习检测：尝试回答下列问题）	化学课程标准要求
物质构成的奥秘	3-1 元素周期表	1. 什么是周期,什么是族? 2. 元素周期表共由几个周期几个族构成? 3. 元素周期表不同颜色代表的含义是什么? 4. 元素周期表每个格子的含义分别是什么? 你都懂了吗?	**《普通高中化学课程标准》** 必修主题 3"物质结构基础及化学反应规律" 【内容要求】 认识原子结构、元素性质与元素在元素周期表中位置的关系。知道元素、核素的含义,了解原子核外电子的排布。
	3-2 元素周期表的历史	1. 元素周期表是哪位科学家最先排布的? 2. 你知道元素周期表是如何排列的吗?	
认识化学元素	3-3 氢	1. 请描述氢原子的结构特点。	**《义务教育化学课程标准》** 主题（二）物质的性质与应用 【内容要求】 了解空气的主要成分;通过实验探究认识氧气、二氧化碳的主要性质。 认识水的组成。 【学业要求】 能设计简单实验,制备并检验氧和二氧化碳。 主题（三）物质的组成和结构 【内容要求】 认识物质是由元素组成的,知道质子数相同的一类原子属于同种元素。初步认识元素周期表。
	3-12 碳	1. 碳元素在自然界中的存在有哪些形式? 2. 你能说出碳原子的原子结构特点吗? 3. 什么是碳基生物?	

续表

主要内容	《DK 图解中学化学》章节	《DK 图解中学化学》要点梳理（学习检测：尝试回答下列问题）	化学课程标准要求
身边的化学物质	3-4 金属元素	1. 金属有哪些物理性质？ 2. 生活中最常见的四种金属分别是什么？	**《义务教育化学课程标准》** 主题（二）物质的性质与应用 【内容要求】 知道大多数金属在自然界中是以金属矿物形式存在的，体会化学方法在金属冶炼中的重要性；知道金属具有一些共同的物理性质。
	3-5 第 IA 族元素的物理性质	1. 请描述碱金属在元素周期表中的位置并写出对应的元素符号。 2. 第 IA 族元素的物理性质有哪些？	
	3-6 第 IA 族元素的化学性质	1. 第 IA 族元素的原子结构共同点是什么？ 2. 第 IA 族元素的化学性质有哪些？	【学业要求】 能通过实验说明氧气、二氧化碳，以及常见的金属、酸和碱的主要性质。 **《普通高中化学课程标准》** 必修主题 3 "物质结构基础及化学反应规律" 【内容要求】 结合有关数据和实验事实认识原子结构、元素性质呈周期性变化的规律。
	3-7 第 IIA 族元素	1. 第 IIA 族元素有哪些？其原子结构特点是什么？ 2. 第 IIA 族元素的物理性质有哪些？ 3. 你了解"镭的衰变"吗？	
	3-8 第 IIIA 族元素	1. 第 IIIA 族元素的物理性质有哪些？ 2. 什么是人造元素？	**《普通高中化学课程标准》** 必修主题 3 "物质结构基础及化学反应规律" 【内容要求】 以第三周期的钠、镁、铝、硅、硫、氯，以及碱金属和卤族元素为例，了解同周期和主族元素性质的递变规律。体会元素周期律（表）在学习元素化合物知识与科学研究中的重要作用。
	3-9 过渡金属元素	1. 过渡金属元素位于元素周期表中的哪个位置？ 2. 过渡金属的用途有哪些？ 3. 你能列举几个过渡金属离子的颜色吗？	
	3-10 镧系元素	1. 镧系元素有多少种？位于元素周期表中的什么位置？ 2. 镧系元素的物理性质和常见的用途有哪些？	
	3-11 锕系元素	1. 锕系元素有多少种？位于元素周期表中的哪个位置？ 2. 锕系元素的物理性质有哪些？	

续表

主要内容	《DK 图解中学化学》章节	《DK 图解中学化学》要点梳理（学习检测：尝试回答下列问题）	化学课程标准要求
身边的化学物质	3-13 第 IVA 族元素	1. 什么是电导体？ 2. 第 IVA 族元素的原子结构特点是什么？	**《义务教育化学课程标准》** 主题（三）物质的组成与结构
	3-14 第 VA 族元素	1. 请归纳氮族元素的物理性质递变性。 2. 分析氮族元素化学性质递变的原因。	【内容要求】 初步认识物质的组成、结构与性质之间的关系，了解研究物质的组成与结构对认识和创造物质的重要意义。
	3-15 第 VIA 族元素	1. 请描述氧族元素的核外电子排布特点与化学性质。 2. 请描述氧族元素的物理性质。	【学业要求】 能基于真实情境，从元素、原子、分子的视角分析有关物质及其变化的简单问题，并作出合理的解释和判断。 主题（二）物质的性质与应用 【内容要求】 以自然界中的氧循环和碳循环为例，认识物质在自然界中可以相互转化及其对维持人类生活与生态平衡的意义。 【学业要求】 从辩证的角度，初步分析和评价物质的实际应用，对空气和水体保护、金属材料使用与金属资源开发、低碳行动、资源回收、化学品合理使用等社会性科学议题展开讨论，积极参与相关的综合实践活动。
	3-16 第 VIIA 族元素	1. 卤族元素的核外电子排布特征是什么？ 2. 卤族元素的物理性质有哪些？是否存在递变性？ 3. 卤族元素的化学性质有哪些？你可以用核外电子排布来解释吗？	**《普通高中化学课程标准》** 必修主题3"物质结构基础及化学反应规律" 【内容要求】 以第三周期的钠、镁、铝、硅、硫、氯，以及碱金属和卤族元素为例，了解同周期和主族元素性质的递变规律。
	3-17 0 族元素	1. 你知道稀有气体元素的原子结构特点吗？ 2. 你知道稀有气体在什么条件下会被看到吗？举例说出几种稀有气体的颜色。	**《普通高中化学课程标准》** 必修主题3"物质结构基础及化学反应规律" 【学业要求】 能利用元素在元素周期表中的位置和原子结构，分析、预测、比较元素及其化合物的性质。

沙场秋点兵

例❶ 【初中】下列关于钠的说法不正确的是( )。

A. 金属钠和氧气反应，条件不同，产物不同

B. 少量的钠应保存在煤油中

C. 将一小块钠投入装有氯化镁溶液的试管里，钠熔成小球并在液面上游动

D. 大量钠着火时可以用泡沫灭火器扑灭

【答案】D

解析
金属钠为银白色单质，暴露在空气中易与氧气发生反应，在表面生成一薄层氧化物——氧化钠；加热金属钠，则可以看到钠受热后先熔化，再与氧气剧烈反应，发出黄色火焰，生成一种淡黄色固体——过氧化钠，故 A 项正确。金属钠很活泼，能与空气中氧气和水等物质反应，需要保存在煤油中，故 B 项正确。金属钠在盐溶液中易与水先反应生成氢气和氢氧化钠，然后氢氧化钠可能与盐溶液溶质发生反应，因此可以看到钠熔成小球并在液面上四处游动，故 C 项正确。泡沫灭火器的灭火原理是喷射二氧化碳和泡沫灭火，金属钠和过氧化钠都能与二氧化碳反应，且过氧化钠与二氧化碳反应放出氧气，会加剧燃烧，大量钠着火时应用沙子扑灭，故 D 项错误。

例❷ 【初中】下列关于过渡元素及其单质的说法正确的是( )。

A. 过渡元素包括 12 列元素

B. 过渡元素中既含有金属元素，也含非金属元素

C. 所有的过渡元素的单质都具有良好的导电性

D. 过渡金属元素的单质比较稳定，与空气和水不发生反应

【答案】C

解析
过渡元素包括第 3~12 列共 10 列元素，故 A 项错误；过渡元素只含有金属元素，不含非金属元素，故 B 项错误；过渡元素只含有金属元素，金属元素的单质都具有良好的导电性，故 C 项正确；过渡金属具有典型金属的性质，大部分较稳定，与空气和水难反应，但有的也可以反应，如 Fe 在潮湿环境中生锈，故 D 项错误。

例③　【中考·深圳】硅和锗都是良好的半导体材料。已知锗原子序数为 32，相对原子质量为 72.59。以下说法错误的是（　　）。

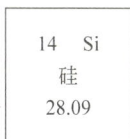

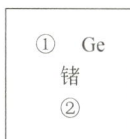

| 14　Si |
| 硅 |
| 28.09 |

| ①　Ge |
| 锗 |
| ② |

A. 硅为非金属

B. 硅的相对原子质量为 28.09

C. ①为 72.59

D. 锗原子是由原子核和核外电子构成的

【答案】C

解析

根据元素周期表中的一格可知，左上角的数字表示原子序数，右上角的英文字母表示元素符号，底部数字表示相对原子质量。锗的原子序数为 32，所以①为 32，因此 C 项错误。锗的相对原子质量是 72.59，所以②是 72.59。

例④　【高中】根据元素周期律，由下列事实进行归纳推测，推测不合理的是（　　）。

选项	事实	推测
A	$_{12}$Mg 与水反应缓慢，$_{20}$Ca 与水反应较快	$_{56}$Ba（ⅡA 族）与水反应会更快
B	Si 与 H_2 在高温时反应，S 与 H_2 在加热时能反应	P 与 H_2 在高温时能反应
C	HCl 在 1500 ℃时分解，HI 在 230 ℃时分解	HBr 的分解温度介于二者之间
D	Si 是半导体材料，同族的 Ge 也是半导体材料	ⅣA 族的元素单质都是半导体材料

【答案】D

解析

Mg、Ca、Ba 位于同一主族，其金属性逐渐增强，根据选项 A 中的事实可以推测 Ba 与水反应会更快，故 A 项合理；Si、P、S 位于同一周期，其非金属性逐渐增强，和氢气反应由难到易，根据选项 B 中的事实可以推测 P 与 H_2 在高温时能反应，故 B 合理；Cl、Br、I 位于同一主族，其非金属性逐渐减弱，氢化物的稳定性由强到弱，根据选项 C 中的事实可以推测 HBr 的分解温度介于二者之间，故 C 项合理；Si 和 Ge 是半导体材料，是因为 Si 和 Ge 在元素周期表中位于金属与非金属的分界线附近，ⅣA 族的其他元素距分界线较远，其单质不是半导体材料，如金刚石不导电，锡和铅是金属导体，故 D 项不合理。

例⑤ 【中考·绍兴】2021 年 3 月，四川三星堆遗址进行了新一轮考古发掘。至今三星堆已出土了黄金面具、青铜纵目面具等一批珍贵文物，如下图所示。

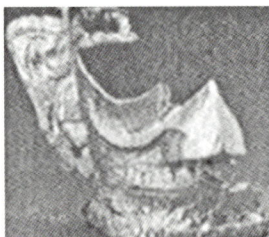

黄金面具　　　　　　青铜纵目面具

（1）出土的黄金面具仍金光灿灿，而青铜纵目面具已锈迹斑斑,这说明金的活动性比铜_____（填"强"或"弱"）。

（2）古代制作青铜器的铜来源于铜矿，如黄铜矿。黄铜矿的主要成分为二硫化亚铁铜（$CuFeS_2$），其中铁元素和铜元素均为 +2 价，则硫元素的化合价为_____。

（3）应用 ^{14}C 测出三星堆遗址距今 3000 年左右，^{12}C 和 ^{14}C 是碳元素的两种同位素原子，它们的主要区别是原子核中_____数不同。

【答案】（1）弱　（2）-2　（3）中子

🍎解析
（1）金属与土壤中的溶液反应时，活动性较强的金属先反应，且活动性较强的金属可以将活动性较弱的金属从其盐溶液中置换出来，由此可知金的活动性比铜弱。（2）$CuFeS_2$ 中铁元素和铜元素均为 +2 价，根据化合物中各元素正、负化合价代数和为 0 可知硫元素的化合价为 -2。（3）碳 -12 和碳 -14 都属于碳元素，质子数相同都为 6，中子数不同，分别为 6、8。

习题练手

1.【初中】下列对于元素周期表结构的叙述中，正确的是（　　）。

　A. 7 个横行代表 7 个周期，18 个纵行代表 18 个族

　B. 副族元素中没有非金属元素

　C. 除第一周期外，其他周期均有 18 种元素

　D. 碱金属元素是指 IA 族的所有元素

2.【中考·烟台】下图是四种微粒的结构示意图。下列有关说法错误的是（　　）。

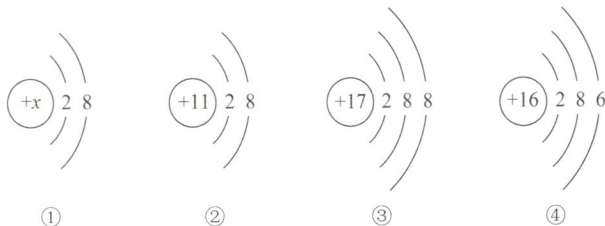

①　　　②　　　③　　　④

A. ②③属于不同种元素

B. 当 x 的数值为 10 时，①表示一种原子

C. ②属于金属元素

D. ④在化学反应中易得电子，形成阳离子

3.【中考·山西】核电设施泄漏产生辐射时，人们需服用非放射性碘片（标签如下图），保障该碘在甲状腺里达到饱和，以减少放射性碘（相对原子质量为131）的吸收。有关表述正确的是（　　）。

中文名：碘片
主要成分：碘化钾（KI）
碘的相对原子质量：127

A. 两种碘相对原子质量相等

B. 两种碘对人体影响不同

C. 标签中 KI 的相对分子质量为 170

D. 碘片属于纯净物

4.【高考·浙江】下图为元素周期表中短周期主族非金属元素的一部分，下列说法不正确的是（　　）。

A. W 的原子序数可能是 Y 的两倍

B. Z 的原子半径比 X 的大

C. Y 元素的非金属性比 Z 元素的强

D. Z 的最高价氧化物对应的水化物的酸性比 W 的强

X	Y
Z	W

视频讲解

5.【中考·重庆】2019 年是门捷列夫发现元素周期表的 150 周年，被确定为"国际化学元素周期表年"，图甲是元素周期表的部分内容，图乙是这三种元素的原子结构示意图。

8 O 氧 16.00
16 S 硫 32.06
34 Se 硒 78.96

甲

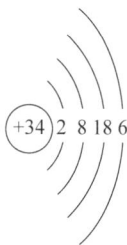  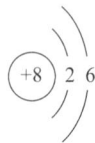

A   B   C

乙

（1）SeO_2 的相对分子质量为＿＿＿＿＿＿＿＿＿＿＿＿＿。

（2）图乙中硫原子的结构示意图是＿＿＿＿＿＿＿＿＿＿＿＿（填序号）。

（3）氧、硫、硒三种元素化学性质相似的原因是＿＿＿＿＿＿＿＿＿＿＿＿。

（4）画出 O^{2-} 的结构示意图：＿＿＿＿＿＿＿＿＿＿＿＿。

第4单元
化学结构
和化学键

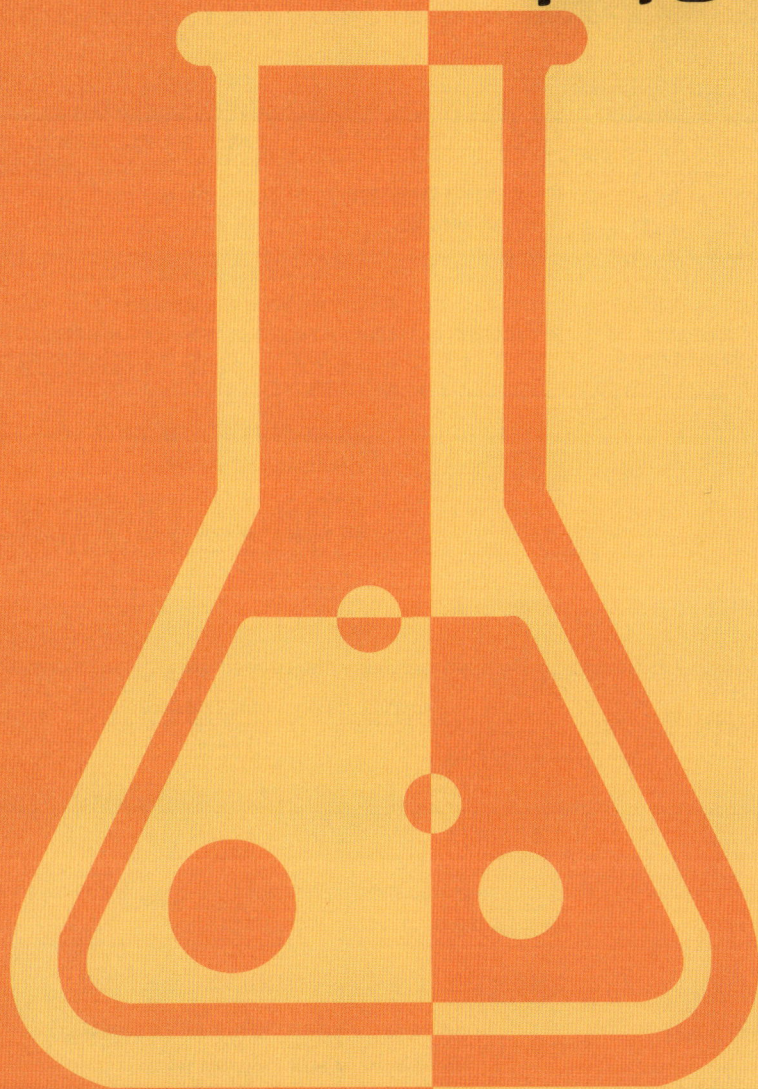

　　通过第 3 单元对元素周期表的学习,我们知道了人类发现的元素有 100 多种,然而这 100 多种元素的原子组成的物质却以千万计。苹果落在地上是因为重力,车停在斜坡上不滑落是因为摩擦力,弹簧可以被压缩和伸长是因为弹力,那么原子是通过什么样的作用力来形成丰富多彩的物质的呢? 我们一起来学习一下吧!

知识大拼图

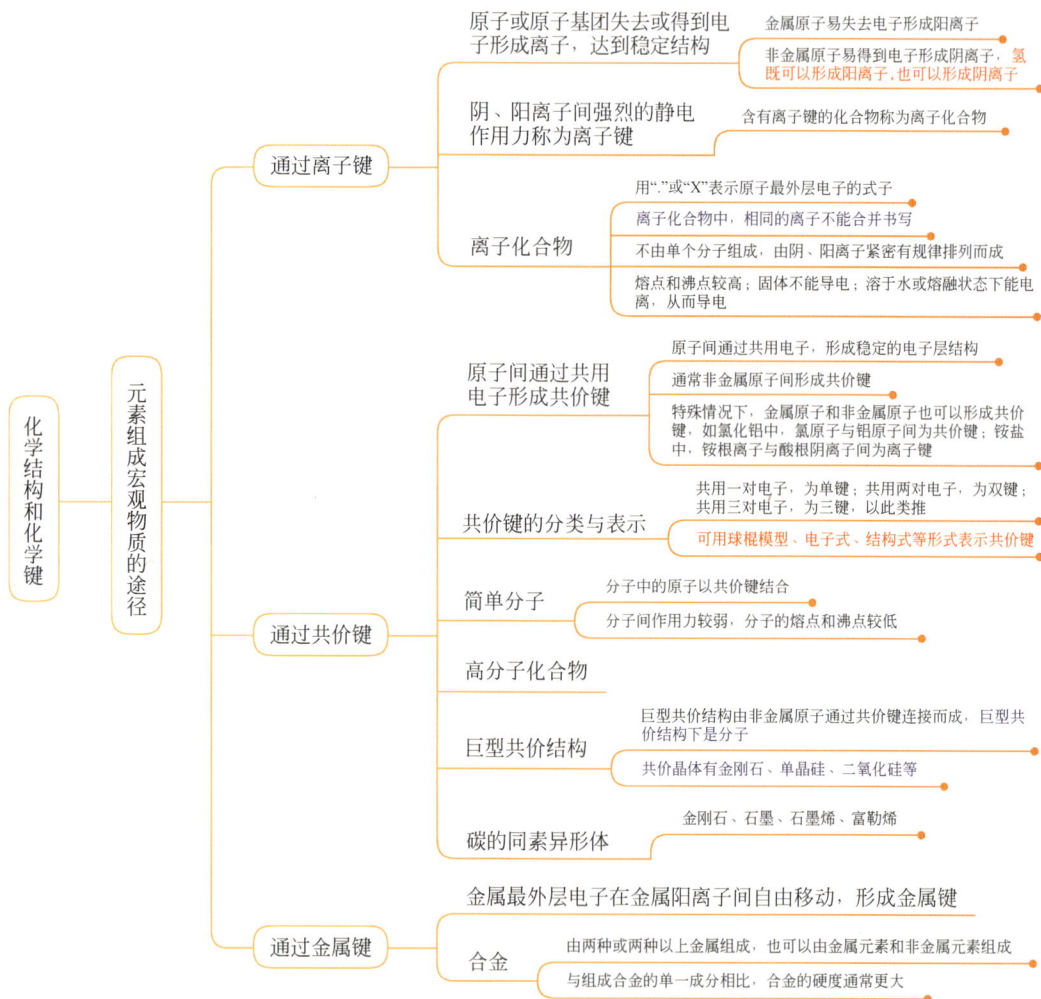

点点对对碰

下面我们一起结合《DK 图解中学化学》进行要点梳理吧！

在梳理的过程中，尝试回答表中的问题，看一看能否回答出来。如果答不出，请再次阅读《DK 图解中学化学》或者求助父母、老师吧！

主要内容	《DK 图解中学化学》章节	《DK 图解中学化学》要点梳理（学习检测：尝试回答下列问题）	化学课程标准要求
化学结构与化学键	4-1 离子 4-2 离子键 4-3 离子和元素周期表 4-4 电子式	1. 组成宏观物质的微粒有哪些？ 2. 画出钠原子和氯原子的原子结构示意图。思考钠原子和氯原子分别通过什么方法达到稳定结构。 3. 氯化钠晶体中钠离子和氯离子之间通过何种作用力结合在一起？ 4. 什么是离子键？离子键存在于什么微粒之间？离子键通常存在于什么元素之间？ 5. 用电子式表示 NaF 和 Na_2S 的形成过程。	《义务教育化学课程标准》 主题（三）物质的组成和结构 【内容要求】 初步形成基于元素和分子、原子认识物质及其变化的视角，建立认识物质的宏观和微观视角之间的关联，知道物质的性质与组成、结构有关。 【学业要求】 能从宏观与微观、定性与定量相结合的视角说明化学式的含义。 《普通高中化学课程标准》 必修主题 3 "物质结构基础及化学反应规律" 【学业要求】 能画出 1~20 号元素的原子结构示意图，能用原子结构解释元素性质及其递变规律，并能结合实验及事实进行说明。 能判断简单离子化合物和共价化合物中的化学键类型。
	4-5 离子的结构 4-6 离子的性质	1. 100 个钠离子与 100 个氯离子可以组成 100 个氯化钠分子吗？ 2. 为什么氯化钠固体不导电，而熔化的氯化钠固体可以导电、氯化钠水溶液可以导电？	《普通高中化学课程标准》 选择性必修模块 2 "物质结构与性质" 主题 2 "微粒间的相互作用与物质的性质" 【学业要求】 能说出微粒间作用（离子键、共价键、配位键和分子间作用力等）的主要类型、特征和实质；能说明典型物质的成键类型。

续表

主要内容	《DK 图解中学化学》章节	《DK 图解中学化学》要点梳理（学习检测：尝试回答下列问题）	化学课程标准要求
化学结构与化学键	4-7 共价键 4-8 共价键的表示方法	1. 画出氢原子的原子结构示意图。 2. 氢原子是通过离子键形成氢气分子的吗？氢原子是通过什么方式形成氢分子的？ 3. 什么是共价键？共价键存在于什么微粒之间？共价键通常存在于什么元素之间？ 4. 你能写出氮气、二氧化碳的电子式、结构式吗？	**《普通高中化学课程标准》** 必修主题 3"物质结构基础及化学反应规律" 【学业要求】 能判断简单离子化合物和共价化合物中的化学键类型。
	4-9 简单分子 4-10 简单分子的性质 4-11 高分子化合物	1. 一般哪类元素易形成分子？ 2. 分子有什么共同的物理性质？这些物理性质由何种作用力决定？ 3. 氢气和氧气燃烧生成水时，被破坏的作用力有什么，会不会形成新的作用力？ 4. 水汽化时，被破坏的作用力是共价键还是分子间作用力？ 5. 结合生活中常见的例子，总结离子晶体、分子晶体物理性质的差异，并分析此种差异与形成物质的力有何关系。 6. 你能说出生活中常见的天然高分子和合成高分子吗？	**《普通高中化学课程标准》** 选择性必修模块 2"物质结构与性质"主题 2"微粒间的相互作用与物质的性质" 【学业要求】 能说出微粒间作用（离子键、共价键、配位键和分子间作用力等）的主要类型、特征和实质；能说明典型物质的成键类型。 能说出晶体与非晶体的区别；能结合实例描述晶体中微粒排列的周期性规律；能借助分子晶体、共价晶体、离子晶体、金属晶体等模型说明晶体中的微粒及其微粒间的相互作用。
	4-12 巨型共价结构 4-13 碳的同素异形体 4-14 富勒烯	1. 二氧化硅的熔点为什么比二氧化碳的高？ 2. 碳元素的同素异形体有哪些？从微观结构分析，这些同素异形体的物理性质有何不同？根据这些物理性质，这些碳的同素异形体分别有什么用途？	**《普通高中化学课程标准》** 必修主题 3"物质结构基础及化学反应规律" 【学业要求】 能判断简单离子化合物和共价化合物中的化学键类型。
	4-15 金属键 4-16 纯金属及其合金	1. 想一想：金属键是如何起作用的？ 2. 合金与纯金属相比，物理性质有什么不同？ 3. 生活中有哪些常用的合金？	**《普通高中化学课程标准》** 选择性必修模块 2"物质结构与性质"主题 2"微粒间的相互作用与物质的性质" 【学业要求】 能结合实例描述晶体中微粒排列的周期性规律；能借助分子晶体、共价晶体、离子晶体、金属晶体等模型说明晶体中的微粒及其微粒间的相互作用。

沙场秋点兵

例1　【高考·江苏】反应 $NH_4Cl+NaNO_2 =\!=\!=$ $NaCl+N_2\uparrow+2H_2O$ 放热且产生气体，可用于冬天开采石油。下列表示反应中相关微粒的化学用语正确的是（　　）。

A. 中子数为 18 的氯原子：$^{18}_{17}Cl$

B. N_2 的结构式：$N=\!=\!=N$

C. Na^+ 的结构示意图：⊕(+11) 2 8 1

D. H_2O 的电子式：H:Ö:H

【答案】D

解析

A. 核素的表达式 ^A_ZX 中 A 表示 X 原子的质量数，Z 表示 X 原子的质子数，则中子数 $=A-Z$，中子数为 18 的氯原子为 $^{35}_{17}Cl$，错误；B. 氮原子最外层电子数为 5，还需要 3 个电子（或形成 3 对共用电子对）达到 8 个电子稳定结构，所以 2 个氮原子共用 3 对电子，氮气的结构式为 $N=\!=\!=N$，错误；C. 钠原子的核外有 11 个电子，钠离子是由钠原子失去 1 个电子形成的，则钠离子核外有 10 个电子，Na^+ 的结构示意图为 ⊕(+11) 2 8，错误；D. 氧原子最外层有 6 个电子，2 个氢原子分别和氧原子形成 1 对共用电子对，正确。故选 D。

例2　【高考·浙江】下列说法正确的是（　　）。

A. HCl 属于共价化合物，溶于水能电离出 H^+ 和 Cl^-

B. NaOH 是离子化合物，该物质中只含离子键

C. HI 气体受热分解的过程中，只需克服分子间作用力

D. 石英和干冰均为原子晶体

【答案】A

解析

A. HCl 为共价化合物，在水分子的作用下电离出 H^+ 和 Cl^-，可以完全电离，为强电解质，正确；B. NaOH 为离子化合物，含有离子键和 O—H 共价键，错误；C. HI 不稳定，易分解，分解破坏共价键，错误；D. 干冰熔点和沸点较低，为分子晶体，错误。故选 A。

例③ 【高考·全国】下列关于化学键的叙述，正确的一项是（ ）。

A. 离子化合物中一定含有离子键

B. 单质分子中均不存在化学键

C. 含有极性键的分子一定是极性分子

D. 含有共价键的化合物一定是共价化合物

【答案】A

解析

A. 离子化合物中一定含有离子键，可能含有共价键，如 KOH 中含有离子键和共价键，正确；B. 单质分子中有的含有化学键，如 H_2，有的不含有化学键，如稀有气体，错误；C. 共用电子对偏移的共价键叫作极性共价键，简称极性键，如 H_2O、HCl、CO_2 中的共价键，含有极性键的分子不一定是极性分子，如果分子正、负电荷重心重合，就是非极性分子，如 CCl_4，错误；D. 含有共价键的化合物不一定是共价化合物，可能是离子化合物，如 NH_4Cl，错误。故选 A。

例④ 【高考·浙江】下列说法不正确的是（ ）。

A. Cl_2、Br_2、I_2 的分子间作用力依次减小

B. 石英是由硅原子和氧原子构成的原子晶体，加热熔化时需破坏共价键

C. 氢氧化钠在熔融状态下离子键被削弱，形成自由移动的离子，具有导电性

D. 水电解生成氢气和氧气，有化学键的断裂和形成

【答案】A

解析

同类型的分子，相对分子质量越大，分子间作用力越大，则 Cl_2、Br_2、I_2 的分子间作用力依次增大，A 项错误；石英为共价键形成的原子晶体，由 Si、O 原子构成，空间网状结构，加热熔化时需破坏共价键，B 项正确；氢氧化钠由钠离子和氢氧根离子构成，熔融状态下离子键被削弱，形成自由移动的离子，具有导电性，C 项正确；化学变化中有化学键的断裂和形成，水电解生成氢气和氧气，为化学变化，有化学键的断裂和形成，D 项正确。故选 A。

例⑤　【高考·浙江】下列说法不正确的是（　　）。

A. 纯碱和烧碱熔化时克服的化学键类型相同

B. 加热蒸发氯化钾水溶液的过程中有分子间作用力被破坏

C. CO_2溶于水和干冰升华都只有分子间作用力改变

D. 石墨转化为金刚石既有共价键的断裂和生成，也有分子间作用力的破坏

【答案】C

解析

A. 烧碱（NaOH）和纯碱（Na_2CO_3）均属于离子化合物，熔化时须克服离子键，正确；B. 加热蒸发氯化钾水溶液，液态水变为气态水，水分子之间的分子间作用力被破坏，正确；C. CO_2溶于水发生的反应为CO_2+H_2O══H_2CO_3，有化学键的断裂和生成，错误；D. 石墨属于层状结构晶体，每层石墨原子间为共价键，层与层之间为分子间作用力，金刚石只含有共价键，因而石墨转化为金刚石既有共价键的断裂和生成，也有分子间作用力的破坏，正确。故选C。

习题练手

1. 【高考·江苏】用化学用语表示 NH_3+HCl══NH_4Cl 中的相关微粒，其中正确的是（　　）。

A. 中子数为8的氮原子：^8_7N　　　　B. HCl 的电子式：$H^+[:\overset{..}{\underset{..}{Cl}}:]^-$

C. NH_3 的结构式：$\overset{\displaystyle H-N-H}{\underset{\displaystyle |}{}H}$　　　　D. Cl^- 的结构示意图：(+17) 2 8 7

2. 【高考·浙江】有共价键的离子化合物是（　　）。

A. Na_2O_2　　　　B. H_2SO_4　　　　C. CH_2Cl_2　　　　D. SiC

3. 【高考·上海】下列化学式既能表示物质的组成，又能表示物质的一个分子的是（　　）。

A. NaOH　　　　B. SiO_2　　　　C. Fe　　　　D. C_3H_8

4.【高考·浙江】下列说法正确的是（　　　　）。

视频讲解

A. CaO 与水反应过程中，有共价键的断裂和形成

B. H_2O 的热稳定性比 H_2S 强，是由于 H_2O 的分子间作用力较大

C. KCl、HCl、KOH 的水溶液都能导电，所以它们都属于离子化合物

D. 葡萄糖、二氧化碳和足球烯（C_{60}）都是共价化合物，它们的晶体都属于分子晶体

5.【高考·浙江】下列说法正确的是（　　　　）。

A. $CaCl_2$ 中既有离子键又有共价键，所以 $CaCl_2$ 属于离子化合物

B. H_2O 汽化成水蒸气、分解为 H_2 和 O_2，都需要破坏共价键

C. C_4H_{10} 的两种同分异构体因为分子间作用力大小不同，因而沸点不同

D. 水晶和干冰都是共价化合物，均属于原子晶体

第5单元
物质的状态

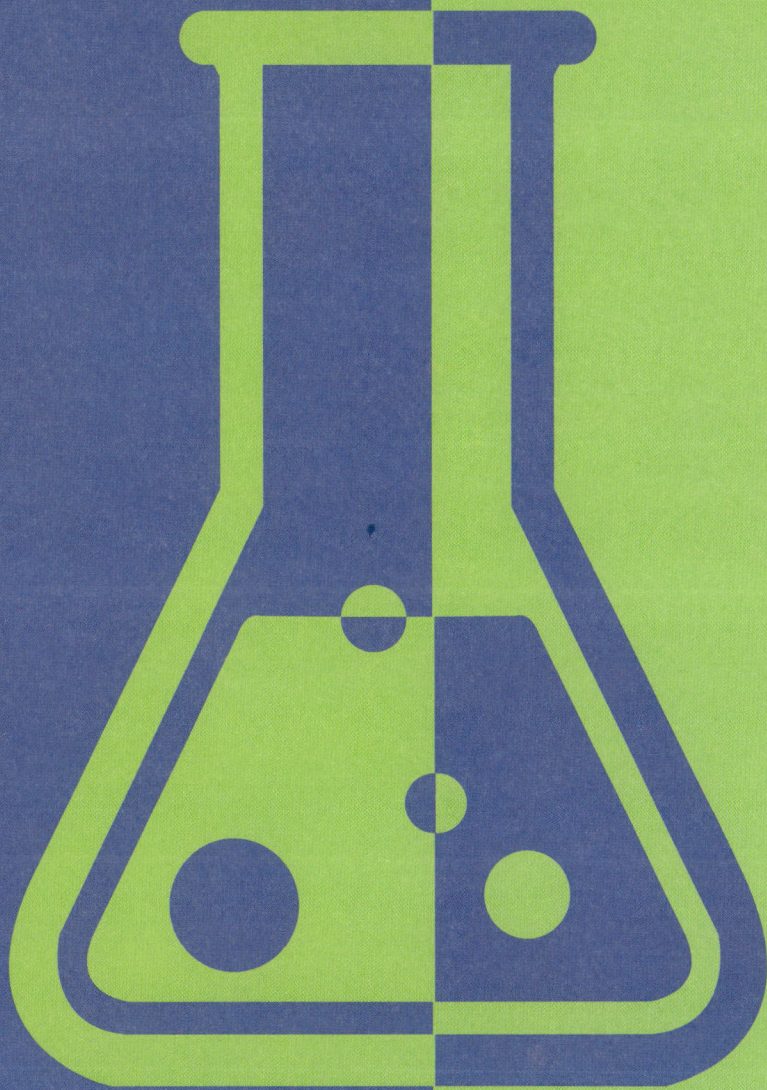

　　水（H_2O）是我们熟悉的在地球上天然以固、液、气三种状态同时存在的物质。在北方寒冷的冬天，屋外的冰雪是 H_2O 的固态形式，水壶里的热饮是 H_2O 的液态形式，我们呼吸产生的 H_2O 是气态水蒸气。这三种状态的物质，其物理性质差异是如何产生的呢？化学工作者又是如何用化学语言描述物质的这三种状态的呢？本单元我们将带领大家从组成物质三种状态的不同微观粒子入手，解释出现宏观现象差异的原因。

知识大拼图

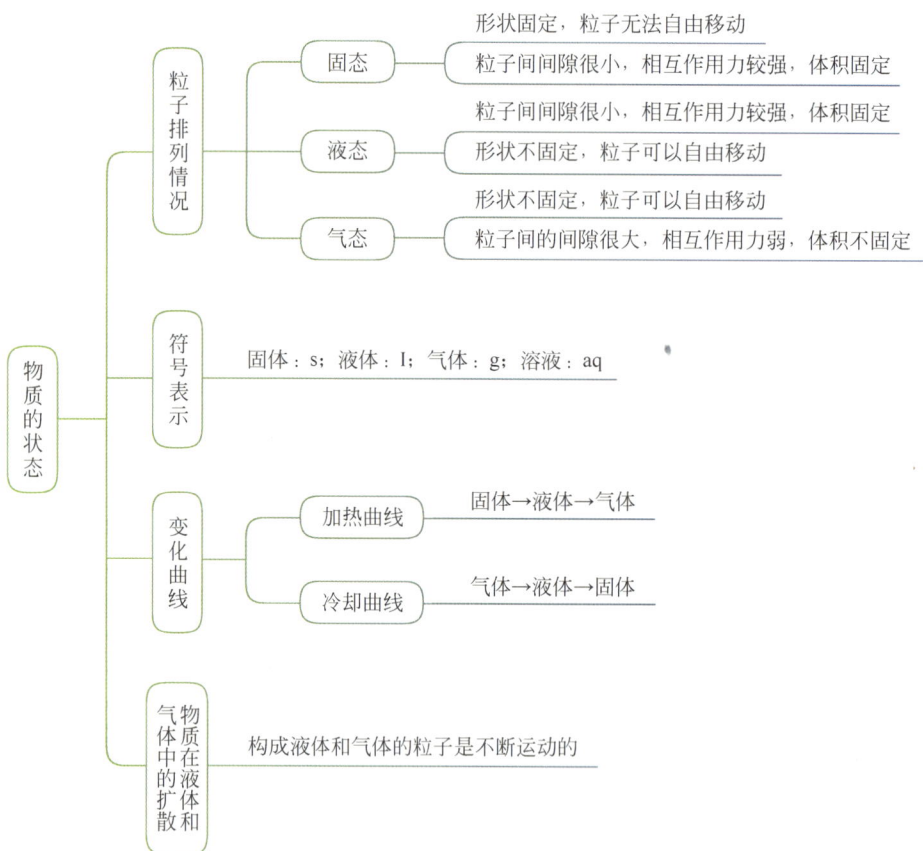

点点对对碰

下面我们一起结合《DK 图解中学化学》进行要点梳理吧！

在梳理的过程中，尝试回答表中的问题，看一看能否回答出来。如果答不出，请再次阅读《DK 图解中学化学》或者求助父母、老师吧！

主要内容	《DK 图解中学化学》章节	《DK 图解中学化学》要点梳理（学习检测：尝试回答下列问题）	化学课程标准要求
物质的状态及变化	5-1 固态 5-2 液态 5-3 气态 5-6 物态变化 5-7 加热曲线和冷却曲线	1. 为什么在北方冬天多见皑皑白雪，夏日都是轰轰雷雨？ 2. 相同质量的冰雪和雨水，哪一个的能量更高？你能尝试描绘冰雪融化的能量曲线吗？ 3. 古时文人雅士取雪煮沸烧茶喝，这个过程中构成 H_2O 的微粒的间隙大小，相互作用力的强弱，移动的自由度都发生了什么变化？ 4. 加热冰雪至沸腾的转化过程是属于物理变化还是化学变化？ 5. 拿两个针筒，分别吸入部分水和空气，然后封住入口进行压缩。观察记录有什么不同，你能尝试从微观角度解释一下吗？	《义务教育化学课程标准》 主题（二）物质的性质与应用 【内容要求】 知道物质具有独特的物理性质和化学性质，同类物质在性质上具有一定的相似性。 了解物质性质包括物理性质和化学性质，知道可以从物质的存在、组成、变化和用途等视角认识物质的性质。 【学业要求】 能基于真实问题情境，依据常见物质的性质，初步分析和解决相关的综合问题。 【教学提示】 查阅溶解度数据，绘制溶解度曲线。
物质的扩散	5-4 液体的扩散 5-5 气体的扩散	1. 歌词"又见炊烟袅袅"描述的画面用化学术语怎么说？ 2. 烟雾在周围空气中的扩散说明构成烟雾和构成空气的微粒有什么运动特点？ 3. 你可以以微观粒子运动的角度解释一下为什么向水中加入食盐可以使水变咸，向水中加入糖块可以使水变甜吗？ 4. 尝试从化学物质构成的角度品鉴一下"梅须逊雪三分白，雪却输梅一段香"这句诗的后半部分。	《义务教育化学课程标准》 主题（四）物质的化学变化 【内容要求】 知道物质是在不断变化的，物质变化分为物理变化和化学变化。 【学业要求】 能判断常见的物理变化和化学变化，并能从宏观和微观的视角说明二者的区别。
物质状态符号	5-8 状态符号和状态推测	1. 气体、液体、固体的状态符号是什么？ 2. 常温常压下，H_2O 是什么状态？CO_2 又是什么状态？	

沙场秋点兵

例① 【中考·河南】从分子的角度解释下列生产、生活中的现象。

（1）湿衣服在太阳下晾晒比在阴凉处干得更快。

（2）加压时，3 000 L 氧气可装入容积为 20 L 的钢瓶中。

解析 （1）太阳下比阴凉处温度更高，湿衣服中的水分子能更快地逸散出来，所以干得更快。（2）加压会缩小氧气分子间的间隔，从而使氧气可装入钢瓶中。

【答案】（1）分子在不停地做无规则运动，温度越高，分子运动速率越快。 （2）分子间有间隔，压强越大，分子之间间隔越小。

例② 【中考·盐城】"墙角数枝梅，凌寒独自开。遥知不是雪，为有暗香来。"（宋·王安石《梅花》）下列理解不当的是（　　）。

A. 数枝梅的暗香指的是梅花的物理性质

B. 梅花开的过程中发生的变化是化学变化

C. 作者判断是梅而不是雪的依据是不同的物质具有不同的化学性质

D. 暗香来是分子运动的结果

【答案】C

解析 "数枝梅"的暗香指的是梅花的气味，属于物理性质；而"暗香来"是产生香味的物质分子运动的结果；梅花开的过程中梅花内部有新物质生成，发生的变化是化学变化。作者判断是梅而不是雪的依据是梅花有香气，而雪没有，此处根据不同的物质具有不同的物理性质，故 C 项理解不当。

例③ 【中考·海南】透过现象看本质。对下列现象的解释不正确的是（ ）。

选项	A	B
实验现象	敞口放置一段时间后液体量减少	挤压塑料瓶中的气体
解释	分子质量和体积都很小	分子间有间隔

选项	C	D
实验现象	好香啊！ 香水	湿衣服在阳光下更容易干
解释	分子总是在不断运动着	温度升高，分子运动加快

【答案】A

例④ 【中考·邵阳】从分子的角度解释下列现象，其中错误的是（ ）。

A. 十里桂花飘香——分子在不停地运动

B. CO 和 CO_2 的化学性质不同——分子构成不同

C. 水蒸发为水蒸气，所占体积变大——分子体积变大

D. 一般的，1 滴水中约含 1.67×10^{21} 个水分子——分子的质量和体积都很小

【答案】C

例⑤ 【中考·东营】干冰可以用于制造云雾缭绕的效果，当喷出的干冰周围出现云雾时，不会发生变化的是（　　）。

A. 二氧化碳分子的质量

B. 二氧化碳分子间的相互作用力

C. 水分子间的间隔

D. 水分子的运动速率

【答案】A

解析

干冰气化之后，它的物理形态发生改变，但是其化学性质没有变化，分子质量没有发生改变，故 A 项不会发生变化。

习题练手

1. 【中考·河北】下列事实能够说明"分子在不停地运动"的是（　　）。

　A. 公园里花香四溢　　　　　　B. 春天里柳絮飞扬

　C. 海面上浪花飞溅　　　　　　D. 天空中乌云翻滚

2. 【中考·阳泉】在寒冷的冬季，当我们把一杯开水洒向天空时，水会迅速变成像烟一样的物质（如下图所示），该过程所涉及的变化正确的是（　　）。

　A. 化学变化　　　B. 状态变化　　　C. 质量变化　　　D. 熔点变化

3.【中考·成都】氨气有刺激性气味，结合表中信息，**不能**得出的是（　　）。

物　质	分子个数	体　积		
		0℃ /101 kPa	20℃ /101 kPa	0℃ /202 kPa
17 g 氨气	约6.02×10²³个	22.4 L	24.1 L	11.2 L

A. 氨分子质量很小 　　　　　　 B. 闻到氨水的气味是分子在运动

C. 温度升高，氨分子体积变大 　 D. 压强变大，氨分子间的间隔变小

4.【中考·泸州】同学们在实验室进行了如下实验：将酚酞滴入 KOH 溶液中，观察到液滴周围立即变红，并逐渐扩散开来。下列与实验有关的说法**错误**的是（　　）。

A. 实验验证了 KOH 的碱性

B. 实验中酚酞分子没有任何变化

C. 红色扩散说明了分子在运动

D. 实验中发生了化学变化

视频讲解

第6单元
纳米技术
和智能材料

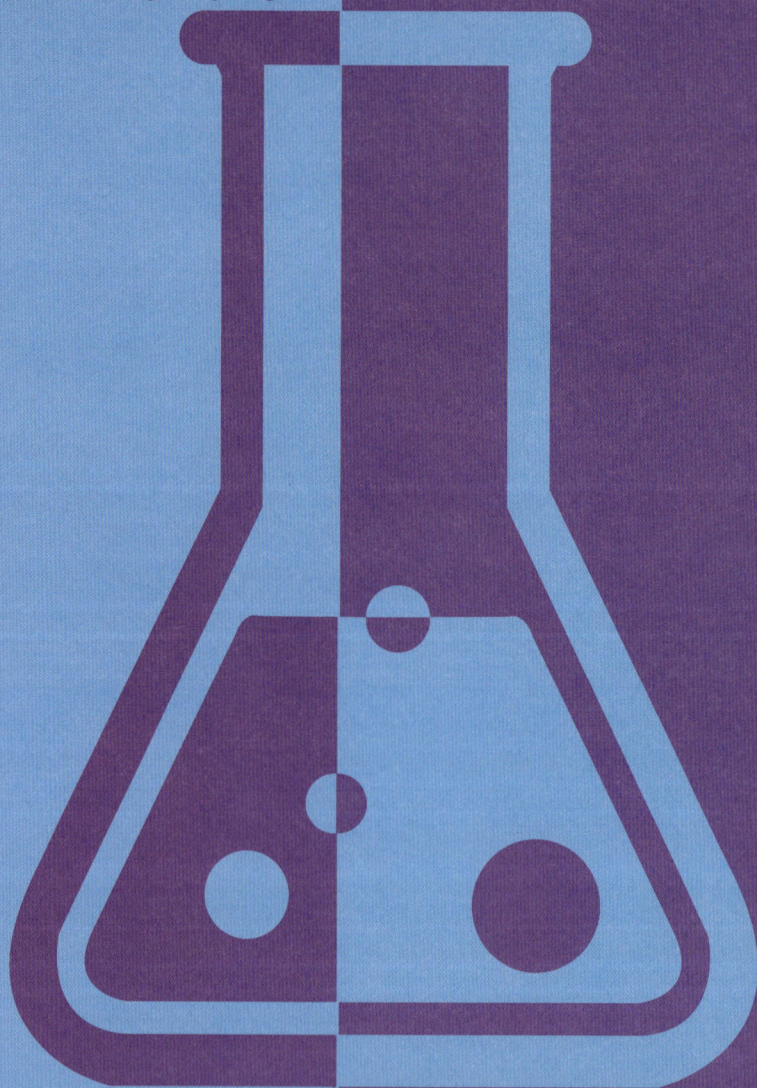

　　纳米技术作为一种极具市场应用潜力的新兴科学技术，其潜在的重要性毋庸置疑。粒子的尺寸减小到纳米量级时，将导致声、光、电、磁、热性能呈现新的特性，对于合成一些智能材料具有重要的参考意义，能为我们的生活和生产提供极大便利。你知道生活中都有哪些纳米材料和智能材料吗？它们有什么特点？接下来，我们一起从本单元中找出答案吧！

知识大拼图

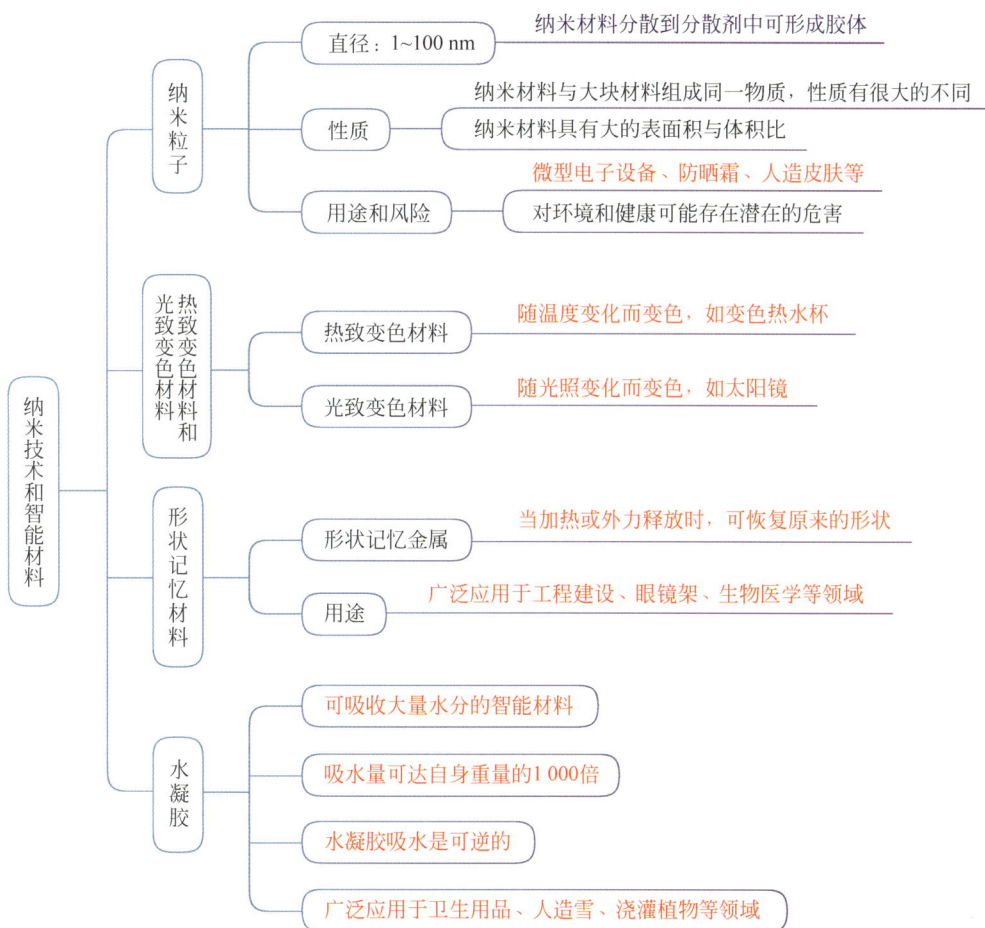

点点对对碰

下面我们一起结合《DK 图解中学化学》进行要点梳理吧！

在梳理的过程中，尝试回答表中的问题，看一看能否回答出来。如果答不出，请再次阅读《DK 图解中学化学》或者求助父母、老师吧！

主要内容	《DK 图解中学化学》章节	《DK 图解中学化学》要点梳理（学习检测：尝试回答下列问题）	化学课程标准要求
化学与社会发展	6-4 热致变色材料和光致变色材料 6-5 形状记忆金属	1. 什么是热致变色材料？ 2. 什么是光致变色材料？ 3. 形状记忆金属有什么特点？ 4. 生活中，你接触以上过这些材料吗？	《义务教育化学课程标准》 主题（五）化学与社会·跨学科实践 【内容要求】 结合实例，从物质及其变化的视角，认识资源的综合利用与新能源的开发、材料的科学利用与新材料的研发。 调查我国航天科技领域中新型材料、新型能源的应用。 【学业要求】 能列举生活中常见的能源和资源、金属材料和有机合成材料及其应用。
	6-1 纳米粒子 6-2 纳米粒子的性质 6-3 纳米粒子的用途和风险	1. 什么是纳米粒子？ 2. 纳米粒子的特点是什么？ 3. 你能计算边长为 1 cm 和 10 cm 的立方体的面积与体积比吗？ 4. 想一想：纳米材料广泛应用有哪些潜在的风险？	《普通高中化学课程标准》 必修主题 5 "化学与社会发展" 【内容要求】 化学科学在材料科学、人类健康等方面的重要作用。 碳材料和纳米材料及其应用。
	6-6 水凝胶	1. 什么是水凝胶？ 2. 水凝胶的工作原理是什么？ 3. 生活中对比普通纸张、纸巾和尿不湿，你能理解为什么尿不湿的吸水能力更强吗？	《普通高中化学课程标准》 必修主题 2 "常见的无机物及其应用" 【内容要求】 认识胶体是一种常见的分散系。 【学业要求】 能举例说明胶体的典型特征。 必修主题 5 "化学与社会发展" 【内容要求】 化学科学在材料科学、人类健康等方面的重要作用。 保水材料在沙漠治理中的应用。

沙场秋点兵

例① 【中考·邵阳】2021年5月29日，"天舟二号"的成功发射彰显了中国航天的力量。在航天科技中会用到大量金属材料。下列有关金属材料的说法错误的是（　　）。

A. 黄铜的硬度比纯铜的大

B. 生铁的含碳量比钢的高

C. 生锈的铁制品没有回收价值

D. 铝合金被广泛用于火箭、飞机、轮船等制造业

【答案】C

解析 A. 一般合金的硬度大于其组成中纯金属的硬度，所以纯铜比黄铜的硬度小，选项说法正确；B. 生铁是含碳量为 2%~4.3% 的铁合金，钢是含碳量为 0.03%~2% 的铁合金，生铁的含碳量比钢高，选项说法正确；C. 生锈的铁制品可以回收重新利用，这样既可以节约能源，又可以减少环境污染，选项说法错误；D. 铝合金硬度大、耐腐蚀性强，被广泛用于火箭、飞机、轮船等制造业，选项说法正确。故选 C。

例② 【中考·广州】2021年5月，"天问一号"搭载"祝融号"火星车成功着陆火星。

（1）火星车使用的新型镁锂合金属于＿＿＿＿＿＿（填"金属"或"复合"）材料，实现了探测器的轻量化。

（2）火星车热控材料——纳米气凝胶的主要成分是二氧化硅，化学式为＿＿＿＿＿＿，其中硅元素的化合价为＿＿＿＿＿＿。

（3）火星车集热窗内装有正十一烷（$C_{11}H_{24}$），此物质属于＿＿＿＿＿＿（填"无机物"或"有机物"），其中碳、氢元素的质量比为＿＿＿＿＿＿。

（4）火星车的动力来源于太阳能，人类正在利用和开发的新能源还有＿＿＿＿＿＿（写一种）。

【答案】（1）金属　（2）SiO_2　+4

　　　　（3）有机物　11:2　（4）核能

解析 （1）合金属于金属材料。（2）二氧化硅的化学式为 SiO_2，其中氧元素是 -2 价，根据化合物中各元素正、负化合价代数和为 0，可得硅元素的化合价是 +4。（3）正十一烷是含碳化合物，属于有机物，其中碳、氢元素的质量比为 $(12×11)$:$(1×24)$=11:2。（4）火星车的动力来源于太阳能，人类正在利用和开发的新能源还有核能、风能、潮汐能等。

习题练手

1.【中考·山西】"天丝"被誉为 21 世纪的绿色纤维，兼具天然纤维和合成纤维的优势，在高新科技方面应用广泛。以下领域一般不使用"天丝"的是（　　）。

A. 航空航天　　　　B. 新型材料　　　　C. 纯棉制造　　　　D. 轨道交通

2.【中考·泸州】化学通过解决能源、环境、材料与粮食等问题而推动社会发展。下列有关说法正确的是（　　）。

A. 液化氢气作为火箭燃料无污染

B. 酸性废水直接排放后再撒熟石灰处理

C. 有机高分子材料属于复合材料

D. 大量施用复合肥料 NH_4NO_3 以提高产量

视频讲解

3.【中考·海南】2021 年 5 月 15 日，我国"天问一号"探测器成功着陆火星。新型高强、高塑、高稳定性铝基碳化硅复合材料是火星车中的一种重要材料。铝的工业生产原理：$2Al_2O_3 \xrightarrow{\text{通电}} 4Al+3O_2\uparrow$。

（1）该反应属于＿＿＿＿＿＿＿（写反应基本类型）。

（2）Al_2O_3 中 Al 的化合价为＿＿＿＿＿＿＿。

（3）铝是较活泼的金属，但在空气中却不容易被腐蚀，其原因是＿＿＿。

第7单元
定量化学
分析

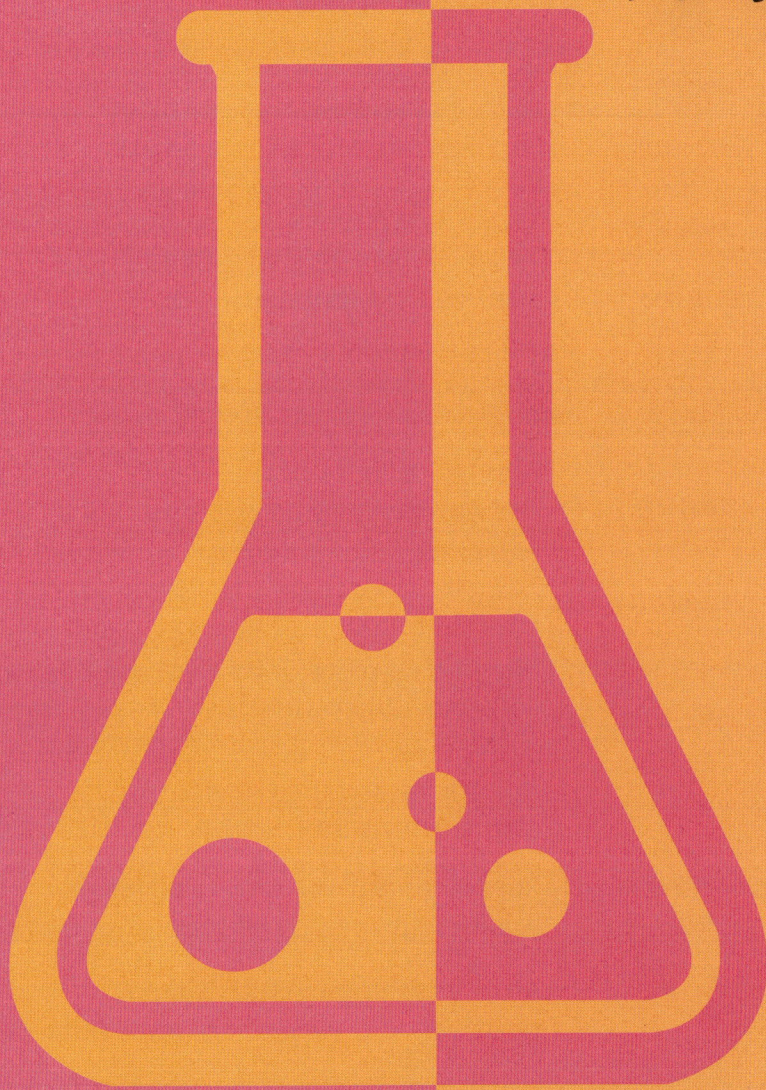

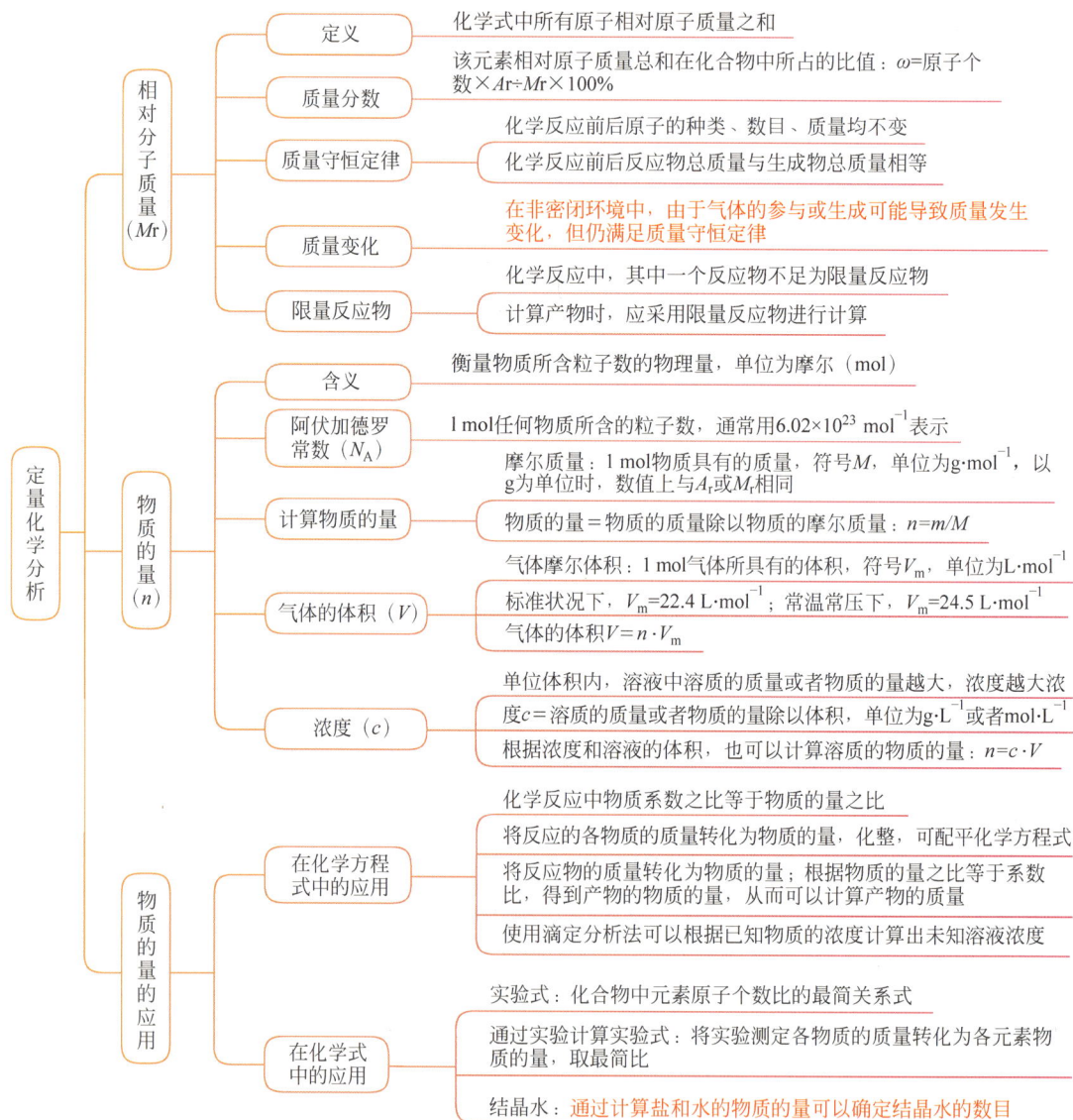

原子和分子的质量都特别小，科学家是怎样对它们进行描述的呢？为了衡量它们的质量，科学家根据一定的标准引入了"相对原子质量""相对分子质量""物质的量"等物理量，这些的理量的引入使得化学中很多定量分析变得更加便利。接下来，让我们一起探索一下吧。

知识大拼图

定量化学分析

相对分子质量（Mr）

- 定义 —— 化学式中所有原子相对原子质量之和
- 质量分数 —— 该元素相对原子质量总和在化合物中所占的比值：ω=原子个数$\times Ar \div Mr \times 100\%$
- 质量守恒定律 ——
  - 化学反应前后原子的种类、数目、质量均不变
  - 化学反应前后反应物总质量与生成物总质量相等
- 质量变化 —— 在非密闭环境中，由于气体的参与或生成可能导致质量发生变化，但仍满足质量守恒定律
- 限量反应物 ——
  - 化学反应中，其中一个反应物不足为限量反应物
  - 计算产物时，应采用限量反应物进行计算

物质的量（n）

- 含义 —— 衡量物质所含粒子数的物理量，单位为摩尔（mol）
- 阿伏加德罗常数（N_A） —— 1 mol任何物质所含的粒子数，通常用6.02×10^{23} mol^{-1}表示
- 计算物质的量 ——
  - 摩尔质量：1 mol物质具有的质量，符号M，单位为$g \cdot mol^{-1}$，以g为单位时，数值上与A_r或M_r相同
  - 物质的量=物质的质量除以物质的摩尔质量：$n=m/M$
- 气体的体积（V） ——
  - 气体摩尔体积：1 mol气体所具有的体积，符号V_m，单位为$L \cdot mol^{-1}$
  - 标准状况下，$V_m=22.4$ $L \cdot mol^{-1}$；常温常压下，$V_m=24.5$ $L \cdot mol^{-1}$
  - 气体的体积$V=n \cdot V_m$
- 浓度（c） ——
  - 单位体积内，溶液中溶质的质量或者物质的量越大，浓度越大
  - 浓度c=溶质的质量或者物质的量除以体积，单位为$g \cdot L^{-1}$或者$mol \cdot L^{-1}$
  - 根据浓度和溶液的体积，也可以计算溶质的物质的量：$n=c \cdot V$

物质的量的应用

- 在化学方程式中的应用 ——
  - 化学反应中物质系数之比等于物质的量之比
  - 将反应的各物质的质量转化为物质的量，化整，可配平化学方程式
  - 将反应物的质量转化为物质的量；根据物质的量之比等于系数比，得到产物的物质的量，从而可以计算产物的质量
  - 使用滴定分析法可以根据已知物质的浓度计算出未知溶液浓度
- 在化学式中的应用 ——
  - 实验式：化合物中元素原子个数比的最简关系式
  - 通过实验计算实验式：将实验测定各物质的质量转化为各元素物质的量，取最简比
  - 结晶水：通过计算盐和水的物质的量可以确定结晶水的数目

计算所需产物的相对分子质量除以所有反应物的相对分子质量×100%

定量化学分析 — 绿色化学 — 原子经济性 — 原子经济性高的益处
- 减少原材料，有利于可持续发展
- 副产物的再利用，可以提高原子的利用率

产率＝实际产量除以理论产量×100%

产率 — 产率100%：化学反应中，产率总是低于100%，主要是由于可逆反应不可能100%转化、副产物、分离提纯中的损耗等

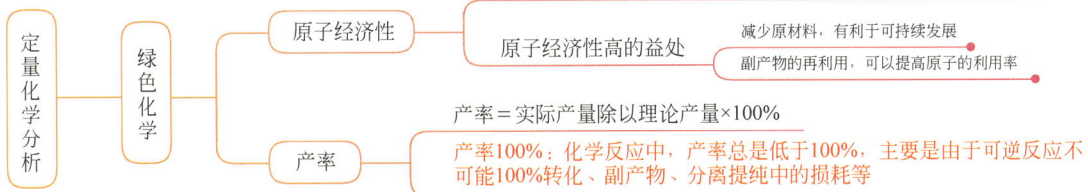

点点对对碰

下面我们一起结合《DK 图解中学化学》进行要点梳理吧！

在梳理的过程中，尝试回答表中的问题，看一看能否回答出来。如果答不出，请再次阅读《DK 图解中学化学》或者求助父母、老师吧！

主要内容	《DK 图解中学化学》章节	《DK 图解中学化学》要点梳理（学习检测：尝试回答下列问题）	化学课程标准要求
化学式中的相对质量	7-1 相对分子质量 7-2 质量分数的运用	1. 相对原子质量和相对分子质量有何区别？ 2. 什么是质量分数？ 3. 你能从元素周期表里找到元素的相对原子质量吗？ 4. 你会根据化学式计算质量分数吗？	《义务教育化学课程标准》 主题（三）物质的组成和结构 【内容要求】 认识相对原子质量、相对分子质量的含义及应用。 【学业要求】 能根据元素的原子序数在元素周期表中查到该元素的名称、符号、相对原子质量等信息。 能根据化学式进行物质组成的简单计算。
化学反应中的质量变化	7-5 质量守恒定律 7-6 质量变化 7-9 限量反应物	1. 为什么化学反应前后质量会守恒？ 2. 什么是限量反应物？ 3. 如果有气体参与的化学反应，测得反应装置前后质量不相等，是否意味着不满足质量守恒定律？ 4. 你会判断哪个反应物不足吗？	《义务教育化学课程标准》 主题（四）物质的化学变化 【内容要求】 理解化学反应的本质是原子的重新组合，化学反应前后，原子的种类和数量不变，分子的种类发生改变。 认识化学反应中的各物质间存在定量关系，化学反应遵守质量守恒定律；理解质量守恒定律的微观本质。

续表

主要内容	《DK 图解中学化学》章节	《DK 图解中学化学》要点梳理（学习检测：尝试回答下列问题）	化学课程标准要求
化学反应中的质量变化			【学业要求】 能选取实验证据说明质量守恒定律，并阐释其微观本质；能根据实验事实用文字和符号描述、表示化学变化，并正确书写常见的化学方程式。
衡量粒子数目的基本物理量	7-3 物质的量 7-4 计算物质的量 7-11 气体的体积 7-17 浓度	1. 物质的量的符号、单位和含义分别是什么？ 2. 阿伏加德罗常数很大，你觉得用于衡量宏观物质有没有意义？ 3. 你能熟练地将质量、气体的体积、溶液中的浓度转化为物质的量吗？	《普通高中化学课程标准》 必修主题 1 "化学科学与实验探究" 【内容要求】 了解物质的量及其相关物理量的含义和应用。 【学业要求】 运用物质的量、摩尔质量、气体摩尔体积、物质的量浓度之间的相互关系进行简单计算。
物质的量在化学式与化学反应中的应用	7-7 物质的量与化学方程式 7-8 用物质的量配平化学方程式 7-10 计算生成物的质量 7-12 实验式 7-13 通过实验计算实验式（一） 7-14 通过实验计算实验式（二） 7-15 结晶水 7-16 计算结晶水的含量 7-18 滴定分析法	1. 1 mol O_2 含有多少氧原子？你知道水化学式 H_2O 中 2 和 1 的含义吗？ 2. 化学式的最简比为实验式，你能设置实验计算氯化钠的实验式吗？ 【提示：可以用钠与氯气反应，测定两者消耗的质量，然后转化为物质的量之比。】 3. 如何利用物质的量配平化学反应方程式？ 4. 你能根据给定的反应物快速计算生成物的质量吗？ 5. 滴定分析的目的是什么？ 6. 你可以总结出滴定分析的一般步骤吗？ 【提示：写出反应方程式→找出待测物与标准物的关系→将已知量如浓度转化为物质的量→根据关系代数计算。】	《普通高中化学课程标准》 必修主题 1 "化学科学与实验探究" 【内容要求】 体会定量研究对化学科学的重要作用。 【学业要求】 能基于物质的量认识物质组成及其化学变化。 选修系列 1 "实验化学" 主题 4 "STSE 综合实验" 【学业要求】 知道如何对实验数据进行分析，能分析产生误差的原因，初步形成定量研究的意识。 掌握过滤（抽滤）、蒸馏（回流）、萃取、滴定等基本实验操作，初步掌握酸度计等仪器的使用方法，掌握实验装置组装的基本原则和技能。

续表

主要内容	《DK 图解中学化学》章节	《DK 图解中学化学》要点梳理（学习检测：尝试回答下列问题）	化学课程标准要求
绿色化学	7-19 原子经济性 7-20 原子经济性高的益处 7-21 产率 7-22 产率低于 100%	1. 什么是原子经济性？ 2. 如果采用化合反应制备所需产品，原子利用率是多少？ 3. 如何计算产率？ 4. 产率能否达到 100%，为什么？ 5. 查找资料，思考如何才能提高反应中的产率。	《普通高中化学课程标准》 必修主题 5 "化学与社会发展" 【内容要求】 树立 "绿色化学" 的观念，形成资源全面节约、物能循环利用的意识。 《普通高中化学课程标准》 学业质量水平 了解在化工生产中遵循 "绿色化学" 思想的重要性。 能基于 "绿色化学" 理念设计无机化合物制备和有机化合物合成的方案。

沙场秋点兵

例1 【中考·宁夏】在新冠肺炎疫情防控期间，常用 84 消毒液（有效成分是 NaClO）或体积分数为 75% 的医用酒精来消毒、杀菌。以下说法正确的是（　　）。

A. NaClO 中氯元素的质量分数为 47.65%

B. 酒精分子中 C、H、O 原子的个数比为 2∶5∶1

C. 疫情防控期间，可以在公共场所大量喷洒酒精来消毒

D. 喷洒酒精或 84 消毒液时都能闻到气味，说明构成物质的粒子相同

【答案】A

● 解析

A. NaClO 中氯元素的质量分数为 $\dfrac{35.5}{23+35.5+16} \times 100\% \approx 47.65\%$，正确。B. 乙醇（$C_2H_5OH$）俗称酒精，1 个乙醇分子是由 2 个碳原子、6 个氢原子和 1 个氧原子构成的，则酒精分子中 C、H、O 原子的个数比为 2∶6∶1，错误。C. 酒精具有可燃性，易燃烧，疫情防控期间，不能在公共场所大量喷洒酒精来消毒，错误。D. 喷洒酒精或 84 消毒液时都能闻到气味，不能说明构成物质的粒子相同，是因为分子都是在不断地运动的，错误。

例② 【高考·全国】（节选）水泥是重要的建筑材料。水泥熟料的主要成分为 CaO、SiO_2，并含有一定量的铁、铝和镁等金属的氧化物。实验室测定水泥样品中钙含量的过程如下图所示：

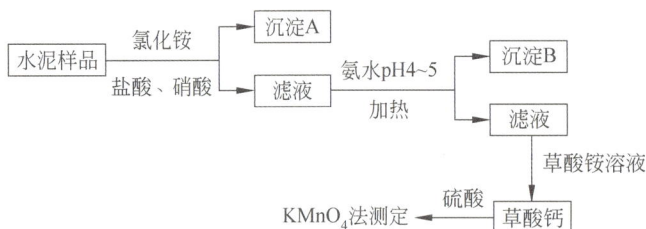

（4）草酸钙沉淀经稀 H_2SO_4 处理后，用 $KMnO_4$ 标准溶液滴定，通过测定草酸的量可间接获知钙的含量，滴定反应（未配平）如下。

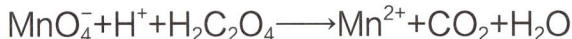

$$MnO_4^- + H^+ + H_2C_2O_4 \longrightarrow Mn^{2+} + CO_2 + H_2O$$

实验中称取 0.400 g 水泥样品，滴定时消耗了 0.050 mol·L^{-1} 的 $KMnO_4$ 溶液 36.00 mL，则该水泥样品中钙的质量分数为_____。

【答案】45.0%

解析

（4）草酸钙的化学式为 CaC_2O_4，滴定反应中，MnO_4^- 中 Mn 的化合价由 +7 变为 +2，化合价降低 5 价，反应后 C 的化合价由 +3 变为 +4，整体升高 2 价，两者的最小公倍数为 10，因此 MnO_4^- 的系数为 2，$H_2C_2O_4$ 的系数为 5，运用关系式法：

$5Ca^{2+} \sim 5H_2C_2O_4 \sim 2KMnO_4$。

$n(KMnO_4) = 0.050$ mol·$L^{-1} \times 36.00 \times 10^{-3}$ L $= 1.80 \times 10^{-3}$ mol

$n(Ca^{2+}) = 4.50 \times 10^{-3}$ mol

水泥中钙的质量分数为 4.50×10^{-3} mol $\times 40.0$ g·$mol^{-1} \div 0.400$ g $\times 100\% = 45.0\%$。

例③ 【高中】N_A 表示阿伏加德罗常数的值，4℃时，25 滴水为 a mL，则 1 滴水中含有的水分子数为（　　）。

A. $\dfrac{aN_A}{25}$　　　　B. $\dfrac{aN_A}{25 \times 18}$

C. $\dfrac{aN_A}{25 \times 20}$　　　　D. $\dfrac{aN_A}{1\,000 \times 22.4}$

【答案】B

解析

25 滴水为 a mL，物质的量为

$n(H_2O) = \dfrac{a \text{ mL} \times 1 \text{ g·mL}^{-1}}{18 \text{ g·mL}^{-1}} = \dfrac{a}{18}$ mol，1 滴水物质的量为 $= \dfrac{a}{18} \times \dfrac{1}{25}$ mol $= \dfrac{a}{25 \times 18}$ mol，1 mol 为 N_A 个，则 1 滴水中含有的水分子数为 $\dfrac{aN_A}{25 \times 18}$。

例④ 【中考·广州】燃油汽车发动机排出的气体中含有 CO 和 NO 等，安装催化转化器可减少这些有害气体的排放。CO 和 NO 在经过催化转化器时相互反应，示意图如下。下列说法正确的是（　　）。

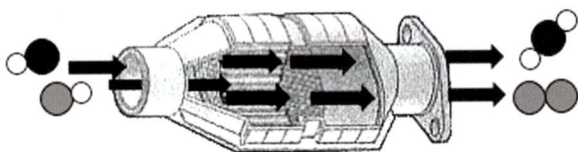

催化转化器

A. 该反应属于置换反应

B. CO 和 NO 按个数比 1:1 进行该反应

C. 该反应中两种生成物的质量比为 11:7

D. 安装了催化转化器的汽车，尾气中不含 CO 和 NO

【答案】B

🔴**解析**

A. 由一种单质与一种化合物反应，生成另一种单质与另一种化合物的反应是置换反应，该反应的反应物是两种化合物，错误；B. 根据化学方程式可以看出，CO 和 NO 按个数比 1:1 进行，正确；C. 根据化学方程式，两种生成物的质量比为 $28:(2 \times 44)=7:22$（或 $22:7$），错误；D. 安装催化转化器可减少这些有害气体的排放，错误。故选 B。

例⑤ 【高中】物质的量浓度相同的 NaCl、$MgCl_2$、$AlCl_3$ 三种溶液，当溶液的体积比为 3:2:1 时，三种溶液中 Cl^- 的物质的量之比为（　　）。

A. 1:1:1　　　　B. 1:2:3

C. 3:2:1　　　　D. 3:4:3

【答案】D

🔴**解析**

设 NaCl、$MgCl_2$、$AlCl_3$ 三种溶液的物质的量浓度均为 $a \ mol \cdot L^{-1}$，三种溶液的体积分别为 $3b \ L$、$2b \ L$、$b \ L$，则 $n(NaCl)=3ab \ mol$，NaCl 溶液中 Cl^- 的物质的量为 $3ab \ mol$；$n(MgCl_2)=2ab \ mol$，$MgCl_2$ 溶液中 Cl^- 的物质的量为 $4ab \ mol$；$n(AlCl_3)=ab \ mol$，$AlCl_3$ 溶液中 Cl^- 的物质的量为 $3ab \ mol$，故 NaCl、$MgCl_2$、$AlCl_3$ 三种溶液中 Cl^- 的物质的量之比为 $3ab:4ab:3ab=3:4:3$，D 项符合题意。

习题练手

1.【中考·上海】下列选项中，O_2 的物理量比 N_2 大的是（　　）。

　　A. 一个 O_2 分子和一个 N_2 分子的质量

　　B. 相同条件下，1 mol O_2 和 1 mol N_2 的体积

　　C. 1 g O_2 和 1 g N_2 的分子数

　　D. 1 mol O_2 和 1 mol N_2 的分子数

2.【中考·江西】向 100 g 质量分数为 4% 的氢氧化钠溶液中逐滴加入氯化镁溶液，相关量的变化如下图。下列说法错误的是（　　）。

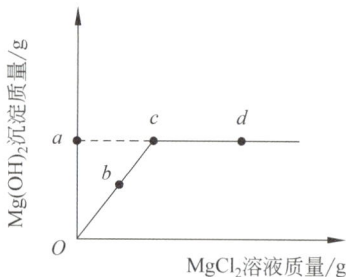

　　A. a 点的值为 2.9

　　B. b 点对应的溶液能使无色酚酞溶液变红

　　C. c 点时两者恰好完全反应

　　D. d 点对应的溶液含有三种溶质

3.【高考·海南】把 V L 含有 $MgSO_4$ 和 K_2SO_4 的混合溶液分成两等份，一份加入含 a mol NaOH 的溶液，恰好使镁离子完全沉淀为氢氧化镁；另一份加入含 b mol $BaCl_2$ 的溶液，恰好使硫酸根离子完全沉淀为硫酸钡。则原混合溶液中钾离子的浓度为（　　）。

　　A. $\dfrac{(b-a)}{V}$ mol·L^{-1} 　　　　　　　　B. $\dfrac{(2b-a)}{V}$ mol·L^{-1}

C. $\dfrac{2(2b-a)}{V}$ mol·L^{-1} D. $\dfrac{2(b-a)}{V}$ mol·L^{-1}

4.【高中】下面化学反应原子利用率达到 100% 的是（   ）。

A. 用 NaOH 溶液吸收 CO_2 B. 铁与盐酸反应制备氢气

C. 氢气与氯气制备氯化氢   D. 硫酸与氢氧化钡制备硫酸钡

5.【高考·全国Ⅱ】正丁醛是一种化工原料。某实验小组利用如下装置合成正丁醛。

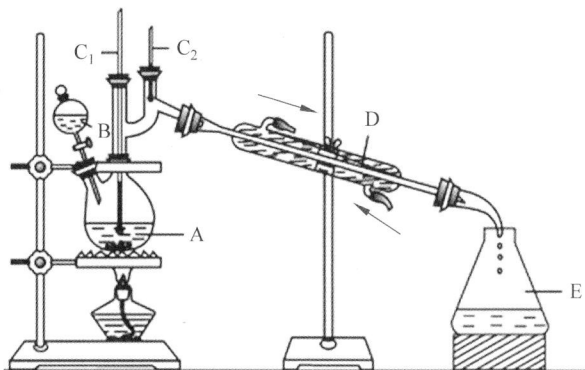

视频讲解

发生的反应如下：

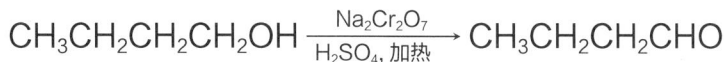

$$CH_3CH_2CH_2CH_2OH \xrightarrow[H_2SO_4, 加热]{Na_2Cr_2O_7} CH_3CH_2CH_2CHO$$

反应物和产物的相关数据列表如下：

物质	沸点 /℃	密度 / (g·cm^{-3})	水中溶解性
正丁醇	117.2	0.810 9	微溶
正丁醛	75.7	0.801 7	微溶

实验步骤如下：

将 6.0 g $Na_2Cr_2O_7$ 放入 100 mL 烧杯中，加 30 mL 水溶解，再缓慢加入 5 mL 浓硫酸，将所得溶液小心转移至 B 中。在 A 中加入 4.0 g 正丁醇和几粒沸石，加热。当有蒸气出现时，开始滴加 B 中溶液。滴加过程中保持反应温度为 90~95℃，在 E 中收集 90℃以下的馏分。将馏出物倒入分液漏斗中，分去水层，有机层干燥后蒸馏，收集 75~77℃馏分，产量 2.0 g。

回答下列问题：

（1）实验中，能否将 $Na_2Cr_2O_7$ 溶液加到浓硫酸中，说明理由＿＿＿＿＿＿＿＿＿＿＿＿＿＿＿＿＿＿＿＿＿＿＿＿＿＿＿＿。

（2）加入沸石的作用是＿＿＿＿＿＿＿＿＿＿。若加热后发现未加沸石，应采取的正确方法是＿＿＿＿＿＿＿＿＿＿。

（3）上述装置图中，B 仪器的名称是＿＿＿＿＿，D 仪器的名称是＿＿＿＿＿。

（4）分液漏斗使用前必须进行的操作是＿＿＿＿＿（填正确答案标号）。

　　a. 润湿　　　b. 干燥　　　c. 检漏　　　d. 标定

（5）将正丁醛粗产品置于分液漏斗中分水时，水在＿＿＿＿＿（填"上"或"下"）层。

（6）反应温度应保持在 90~95℃，其原因是＿＿＿＿＿＿＿＿＿＿。

（7）本实验中，正丁醛的产率为＿＿＿＿＿%。

第8单元
化学中的酸

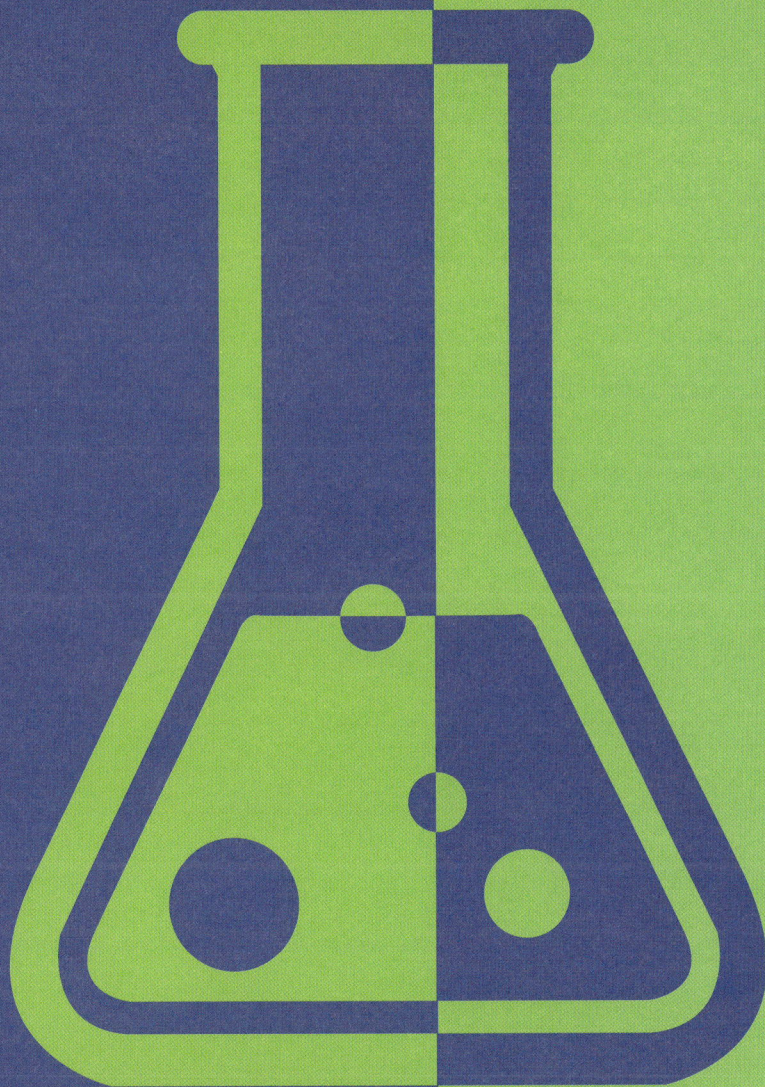

　　酸是我们生活中非常常见的一类物质。厨房中的食醋有酸味，是因为食醋中含有醋酸。而大家对于碱可能没那么熟悉，其实厨房常用的去重油污剂里就含有强碱，如果我们徒手接触，皮肤可能会被损伤。初次见到"盐"这个词，很容易联想到食盐，其实食盐只是化学中的一种盐——氯化钠。本单元将带领大家认识化学中的酸、碱和它们发生反应之后产生的一类新物质——盐，同时了解它们的性质和用途。

🧩 知识大拼图

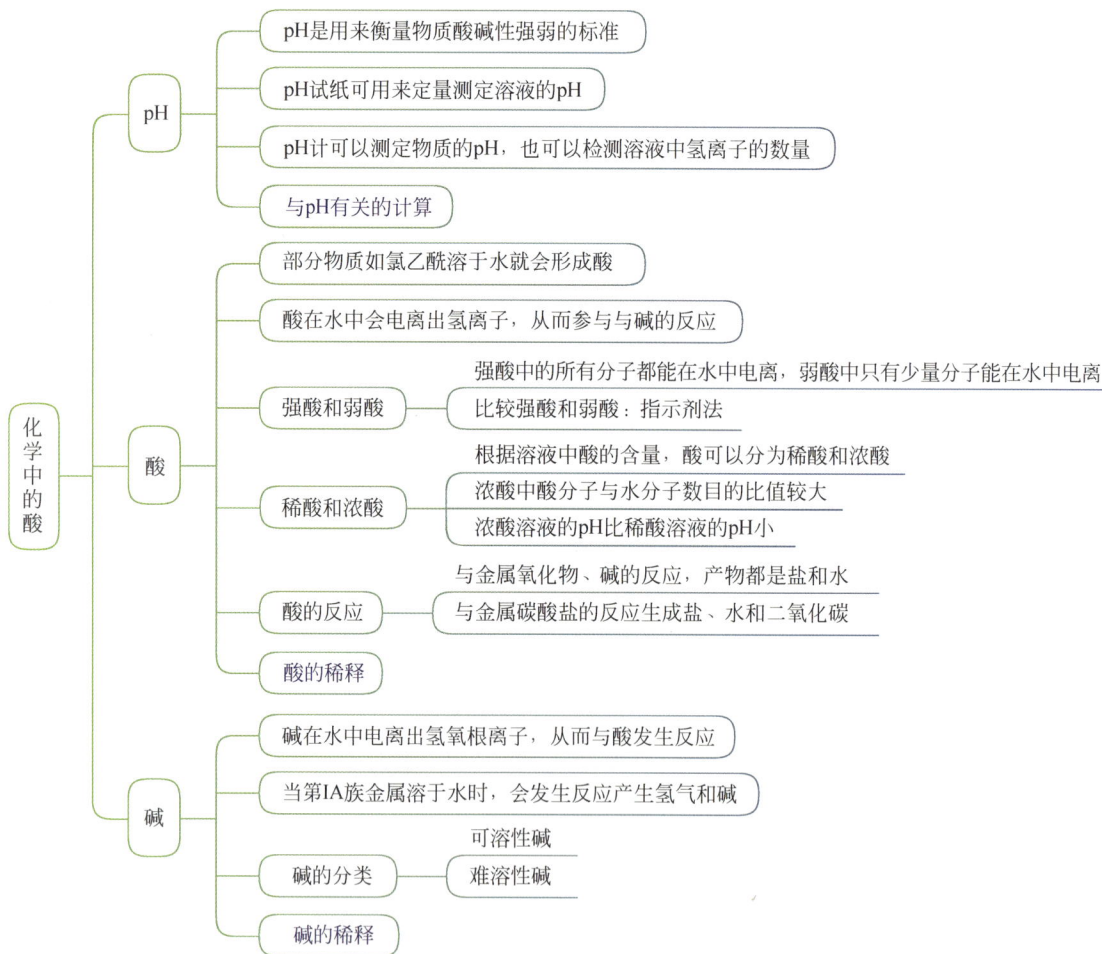

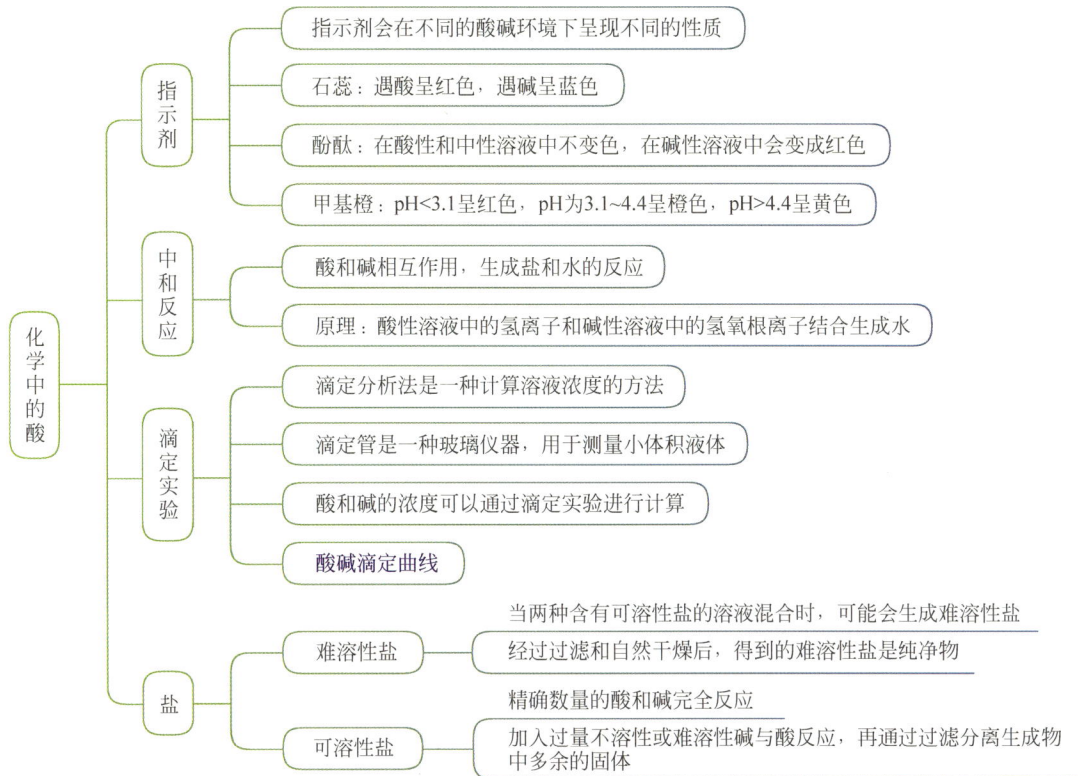

指示剂
- 指示剂会在不同的酸碱环境下呈现不同的性质
- 石蕊：遇酸呈红色，遇碱呈蓝色
- 酚酞：在酸性和中性溶液中不变色，在碱性溶液中会变成红色
- 甲基橙：pH<3.1呈红色，pH为3.1~4.4呈橙色，pH>4.4呈黄色

中和反应
- 酸和碱相互作用，生成盐和水的反应
- 原理：酸性溶液中的氢离子和碱性溶液中的氢氧根离子结合生成水

滴定实验
- 滴定分析法是一种计算溶液浓度的方法
- 滴定管是一种玻璃仪器，用于测量小体积液体
- 酸和碱的浓度可以通过滴定实验进行计算
- **酸碱滴定曲线**

化学中的酸

盐
- 难溶性盐
  - 当两种含有可溶性盐的溶液混合时，可能会生成难溶性盐
  - 经过过滤和自然干燥后，得到的难溶性盐是纯净物
- 可溶性盐
  - 精确数量的酸和碱完全反应
  - 加入过量不溶性或难溶性碱与酸反应，再通过过滤分离生成物中多余的固体

点点对对碰

下面我们一起结合《DK 图解中学化学》进行要点梳理吧！

在梳理的过程中，尝试回答表中的问题，看一看能否回答出来。如果答不出，请再次阅读《DK 图解中学化学》或者求助父母、老师吧！

主要内容	《DK 图解中学化学》章节	《DK 图解中学化学》要点梳理（学习检测：尝试回答下列问题）	化学课程标准要求
测定物质的酸碱性	8-1 pH 8-4 指示剂	1. 实验室中，pH 试纸如何使用？ 2. 常见的酸碱指示剂有哪些？ 3. 常见指示剂遇到不同的溶液时分别呈现什么颜色？ 4. 盐溶液的 pH 都等于 7 吗？	《义务教育化学课程标准》 主题（一）科学探究与化学实验 【内容要求】 学会用酸碱指示剂、pH 试纸检验溶液的酸碱性。

续表

主要内容	《DK 图解中学化学》章节	《DK 图解中学化学》要点梳理（学习检测：尝试回答下列问题）	化学课程标准要求
测定物质的酸碱性	8-1 pH 8-4 指示剂	5. 生活中，我们可以测定一些溶液的pH，你能说出生活中几种常见物质的pH吗？ 6. 你能说出常见指示剂的变色范围吗？	**《普通高中化学课程标准》** 选择性必修模块1"化学反应原理"主题3"水溶液中的离子反应与平衡" 【内容要求】 认识溶液的酸碱性及pH，掌握检测溶液pH的方法。
酸与碱	8-2 酸 8-7 强酸和弱酸 8-8 稀酸和浓酸	1. 你知道生活中哪些物质中含有酸吗？ 2. 化学中，酸能够发生哪些反应？ 3. 打开一些装酸的试剂瓶，有时候会在瓶口看到白雾，你知道这是怎么形成的吗？ 4. 生活中，酸为什么可以用于除水垢？ 5. 你会区分强弱酸吗？ 6. 你觉得胃酸是稀酸还是浓酸呢？胃酸的浓度大概是多少？ 7. 尝试说出稀释浓硫酸的步骤。	**《义务教育化学课程标准》** 主题（二）物质的性质与应用 【内容要求】 以盐酸、硫酸、氢氧化钠和氢氧化钙为例，通过实验探究认识酸、碱的主要性质和用途；了解检验溶液酸碱性的基本方法，知道酸碱性对人体健康和农作物生长的影响。 【学业要求】 能通过实验说明氧气、二氧化碳，以及常见的金属、酸和碱的主要性质，并能用化学方程式表示。
	8-3 碱	1. 纯碱是不是碱？ 2. 碱能和哪些物质发生反应？ 3. 碱和碱性有什么区别？有碱性的物质一定是碱吗？	**《普通高中化学课程标准》** 选择性必修模块1"化学反应原理"主题3"水溶液中的离子反应与平衡" 【内容要求】 认识弱电解质在水溶液中存在电离平衡，了解电离平衡常数的含义。
酸碱中和反应	8-5 中和反应 8-6 滴定实验 8-9 酸与金属氧化物、碱的反应	1. 什么是中和反应？请举例说明。 2. 中和反应的实质是什么？ 3. 你知道胃酸过多应该吃什么药物缓解吗？原理是什么？ 4. 滴定管的结构有什么特点？ 5. 思考：如何通过滴定实验计算酸或碱的浓度？	**《义务教育化学课程标准》** 主题（二）物质的性质与应用 【内容要求】 通过实验探究认识酸、碱的主要性质和用途。 【学业要求】 能运用研究物质性质的一般思路与方法，从物质类别的视角，依据金属活动性顺序、中和反应等，初步预测常见的金属、酸和碱的主要性质。 **《普通高中化学课程标准》** 选择性必修模块1"化学反应原理"主题3"水溶液中的离子反应与平衡" 【内容要求】 学生必做实验：强酸与强碱的中和滴定。

续表

主要内容	《DK 图解中学化学》章节	《DK 图解中学化学》要点梳理（学习检测：尝试回答下列问题）	化学课程标准要求
盐的性质与制备	8-10 酸与金属碳酸盐的反应 8-11 难溶性盐的形成 8-12 可溶性盐的形成	1. 化学中的盐和食用盐一样吗？ 2. 难溶盐和可溶盐的形成有什么区别？ 3. 说一说：怎样提纯硫酸铜？ 4. 查一查：生活中矿泉水都有哪些盐的成分，长期饮用矿泉水对身体健康有利吗？	《义务教育化学课程标准》 主题（二）物质的性质与应用 【内容要求】 了解食盐、纯碱、小苏打和碳酸钙等盐在日常生活中的应用；知道一些常用化肥及其在农业生产中的作用。 【学业要求】 能依据物质的类别列举一些简单的单质、氧化物、酸、碱、盐及生活中常见的有机物。 能利用物质的溶解性，设计粗盐提纯、水的净化等物质分离的方案。

沙场秋点兵

例① 【中考·晋中】某同学想用 pH 试纸测定一些物质的 pH，下列做法能达到实验目的的是（　　）。

A. 用干燥的 pH 试纸测定白醋的 pH

B. 用干燥的 pH 试纸测定二氧化碳气体的 pH

C. 用干燥的 pH 试纸测定 98% 的浓硫酸的 pH

D. 用湿润的 pH 试纸测定 0.4% 的氢氧化钠溶液的 pH

【答案】A

🔴 解析

A. 测定白醋的 pH 时，可用洁净、干燥的玻璃棒蘸取白醋滴在干燥的 pH 试纸上，观察颜色的变化，然后与标准比色卡对照，符合题意；B. 二氧化碳气体不能使干燥的 pH 试纸变色，无法用干燥的 pH 试纸测定二氧化碳气体的 pH，不符合题意；C. 浓硫酸具有脱水性，会使试纸变黑，无法用干燥的 pH 试纸测定 98% 的浓硫酸的 pH，不符合题意；D. 用湿润的 pH 试纸测定 0.4% 的氢氧化钠溶液的 pH，会稀释氢氧化钠，使测定结果偏小，不符合题意。

例② 【中考·娄底】治疗胃酸（主要成分是 HCl）过多，可服用含 Al（OH）₃的药片，制取这类药物不可以使用 KOH 替代 Al（OH）₃，最不科学的理由是（　　）。

A. KOH 与胃酸不反应

B. KOH 易溶于水

C. KOH 有强烈的腐蚀性

D. Al（OH）₃的来源更广泛

【答案】A

🔖 解析

治疗胃酸（主要成分是 HCl）过多，可服用含 Al（OH）₃的药片，这类药物来源广泛。KOH 能和胃酸反应生成氯化钾和水，但是其具有强烈的腐蚀性，所以不可以使用 KOH 替代 Al（OH）₃。

例③ 【中考·百色】下列实际应用中，不是利用中和反应原理的是（　　）。

A. 用熟石灰改良酸性土壤

B. 用稀硫酸处理印染厂的碱性废水

C. 用含碳酸氢钠的药物治疗胃酸过多

D. 用稀氨水涂抹在被蚊虫叮咬处（分泌出蚁酸）止痒

【答案】C

🔖 解析

用熟石灰改良酸性土壤，用稀硫酸处理印染厂的碱性废水，用稀氨水涂抹在被蚊虫叮咬处（分泌出蚁酸）止痒，这些反应都是酸与碱反应生成盐和水的反应，都属于中和反应，故都不符合题意；用含碳酸氢钠的药物治疗胃酸过多，反应物是盐和酸，不是酸与碱的反应，不是利用了中和反应原理，故 C 项符合题意。

例④ 【中考·大连】下列物质中，属于碱的是（　　）。

A. SiO₂　　　　　　B. HNO₃

C. KOH　　　　　　D. CaSO₄

【答案】C

🔖 解析

SiO₂ 是由两种元素组成且有一种是氧元素的化合物，属于氧化物，故 A 项错误；HNO₃ 是由氢离子和硝酸根离子构成的化合物，属于酸，故 B 项错误；KOH 是由钾离子和氢氧根离子构成的化合物，属于碱，故 C 项正确；CaSO₄ 是由钙离子和硫酸根离子构成的化合物，属于盐，故 D 项错误。

例⑤　【中考·扬州】如下图，长方形相邻顶点的物质间可发生反应。A、B、C为三种不同类别的物质，它们与各自长方形顶点上其他物质的类别不同。A的固体常作制冷剂。

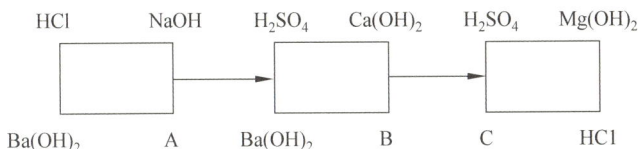

HCl	NaOH	H_2SO_4	$Ca(OH)_2$	H_2SO_4	$Mg(OH)_2$
$Ba(OH)_2$	A	$Ba(OH)_2$	B	C	HCl

分析1：A与氢氧化钡溶液发生反应的化学方程式是_____。

分析2：B的物质类别是_____。

分析3：C与稀硫酸反应的化学方程式为_____。（合理即可）

【答案】$CO_2 + Ba(OH)_2 == BaCO_3 \downarrow + H_2O$
　盐　$Fe + H_2SO_4 == FeSO_4 + H_2 \uparrow$或$Mg + H_2SO_4 == MgSO_4 + H_2 \uparrow$（合理即可）

解析 长方形相邻顶点的物质间可发生反应。A、B、C为三种不同类别的物质，它们与各自长方形顶点上其他物质的类别不同。A的固体常作制冷剂。且A能与氢氧化钡、氢氧化钠反应，可推出A为二氧化碳；B能与氢氧化钙、氢氧化钡反应，且与A的物质类别不同，可推出B可能为碳酸钠；C能与稀硫酸和稀盐酸反应，且C不属于酸、氧化物、盐、碱，C可能为活泼金属，如铁，代入验证，符合题意。

习题练手

1.【中考·常州】如下图所示，当闭合开关时电珠变亮，烧杯中的液体是（　　）。

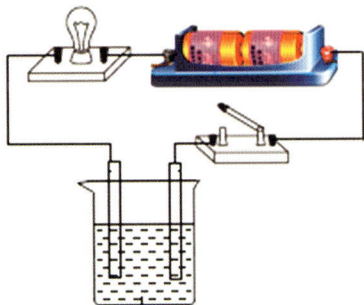

A. 食盐溶液　　　　B. 酒精溶液　　　　C. 蔗糖溶液　　　　D. 蒸馏水

2.【中考·南京】为测定某石灰石样品中碳酸钙的质量分数，取 2.0 g 石灰石样品于烧杯中，将 20 g 稀盐酸分 4 次加入样品中，充分反应后经过滤、干燥、称重，得实验数据如下：

质量 /g	次　　数			
	第一次	第二次	第三次	第四次
稀盐酸的用量	5.0	5.0	5.0	5.0
剩余固体的质量	1.5	1.0	0.5	0.3

已知石灰石中的杂质既不与盐酸反应，也不溶解于水。下列说法正确的是（　　）。

A. 第三次实验后碳酸钙无剩余

B. 第四次实验后盐酸无剩余

C. 盐酸中 HCl 的质量分数是 3.65%

D. 样品中碳酸钙的质量分数是 85%

3.【中考·丹东】下列说法正确的是（　　）。

A. 催化剂能够改变化学反应速率，而本身的质量和性质在反应前后都不发生改变

B. 一氧化碳、葡萄糖都是氧化物

C. 能与稀硫酸反应生成气体的物质一定是金属

D. 酸与碱作用生成盐和水的反应叫中和反应，生成盐和水的反应不一定是中和反应

4.【中考·荆门】下列有关实验方案设计正确的是（　　）。

选项	实验目的	实验方案
A	区别稀盐酸和氯化钠溶液	滴加酚酞，观察现象
B	检验生石灰是否变质	滴加酚酞，观察现象
C	除去 KCl 固体中的 MnO_2	溶解后过滤
D	除去 $FeSO_4$ 溶液中少量的 $CuSO_4$	加入足量的铁粉，充分反应后过滤

视频讲解

5. 【中考·杭州】取稀盐酸与氢氧化钠反应后的溶液进行实验。下列能说明稀盐酸、氢氧化钠恰好都完全反应的是（　　　）。

　　A. 加硝酸银溶液，有白色沉淀生成

　　B. 加氢氧化镁固体，固体全部溶解

　　C. 加酚酞溶液，溶液显红色

　　D. 测定溶液的 pH，刚好显中性

第9单元
金属及其
活动性

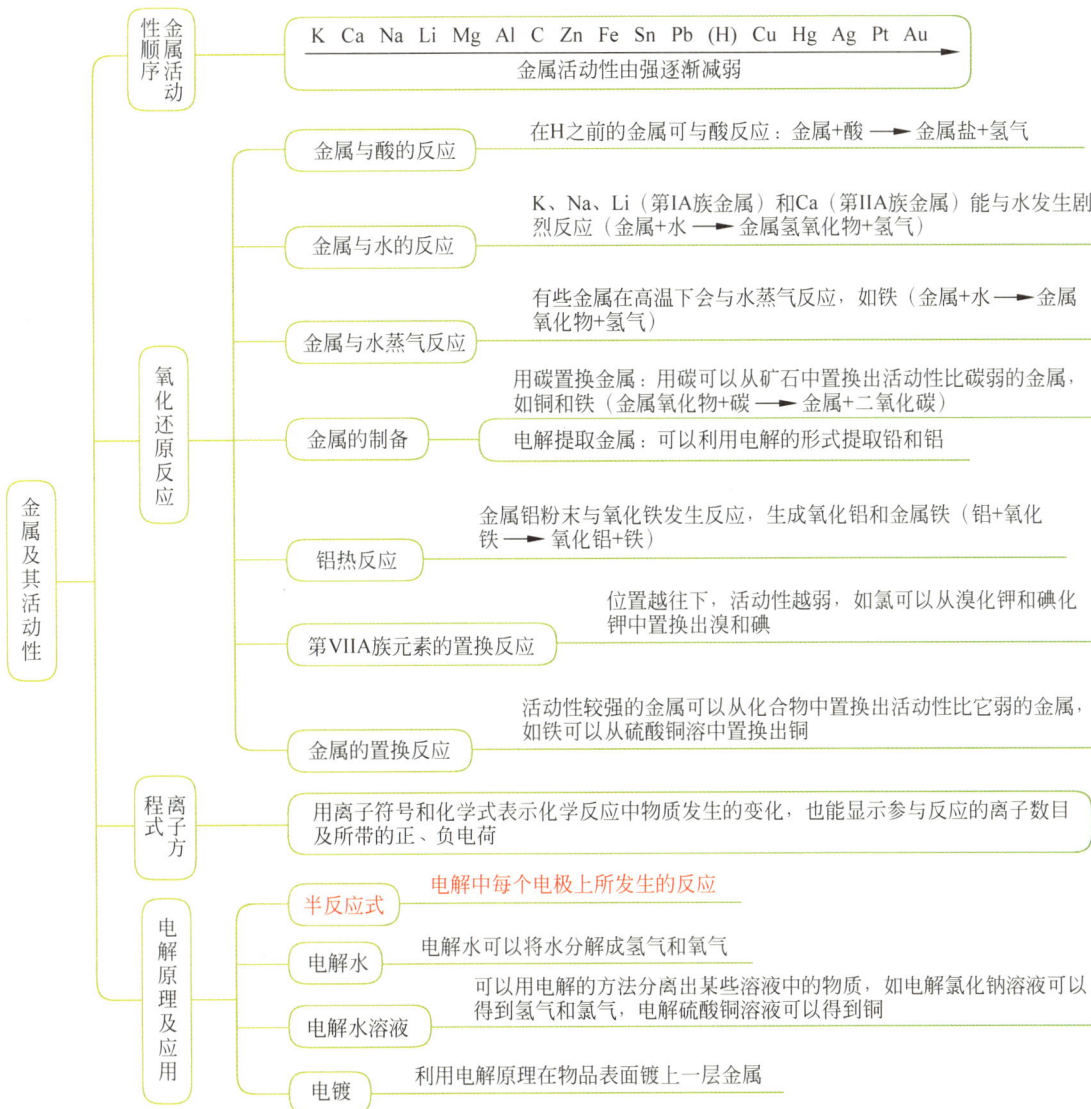

生活中，我们会接触到各种各样的金属，如铁、铝、铜等，那你知道它们的性质有哪些差异吗？为什么黄金可以作为货币进行交易，而不用铁呢？如何在金属铁的表面镀上一层铜呢？接下来，让我们一起认真学习本单元内容，尝试寻找答案吧！

知识大拼图

金属及其活动性

金属活动性顺序 — K Ca Na Li Mg Al C Zn Fe Sn Pb (H) Cu Hg Ag Pt Au
金属活动性由强逐渐减弱 →

氧化还原反应

- **金属与酸的反应** — 在H之前的金属可与酸反应：金属+酸 ——→ 金属盐+氢气

- **金属与水的反应** — K、Na、Li（第IA族金属）和Ca（第IIA族金属）能与水发生剧烈反应（金属+水 ——→ 金属氢氧化物+氢气）

- **金属与水蒸气反应** — 有些金属在高温下会与水蒸气反应，如铁（金属+水 ——→ 金属氧化物+氢气）

- **金属的制备** — 用碳置换金属：用碳可以从矿石中置换出活动性比碳弱的金属，如铜和铁（金属氧化物+碳 ——→ 金属+二氧化碳）
  电解提取金属：可以利用电解的形式提取铅和铝

- **铝热反应** — 金属铝粉末与氧化铁发生反应，生成氧化铝和金属铁（铝+氧化铁 ——→ 氧化铝+铁）

- **第VIIA族元素的置换反应** — 位置越往下，活动性越弱，如氯可以从溴化钾和碘化钾中置换出溴和碘

- **金属的置换反应** — 活动性较强的金属可以从化合物中置换出活动性比它弱的金属，如铁可以从硫酸铜溶液中置换出铜

离子方程式 — 用离子符号和化学式表示化学反应中物质发生的变化，也能显示参与反应的离子数目及所带的正、负电荷

电解原理及应用

- **半反应式** — 电解中每个电极上所发生的反应

- **电解水** — 电解水可以将水分解成氢气和氧气

- **电解水溶液** — 可以用电解的方法分离出某些溶液中的物质，如电解氯化钠溶液可以得到氢气和氯气，电解硫酸铜溶液可以得到铜

- **电镀** — 利用电解原理在物品表面镀上一层金属

点点对对碰

下面我们一起结合《DK 图解中学化学》进行要点梳理吧！

在梳理的过程中，尝试回答表中的问题，看一看能否回答出来。如果答不出，请再次阅读《DK 图解中学化学》或者求助父母、老师吧！

主要内容	《DK 图解中学化学》章节	《DK 图解中学化学》要点梳理（学习检测：尝试回答下列问题）	化学课程标准要求
金属的活动性顺序	9-1 金属活动性顺序表	1. 什么是金属的活动性？ 2. 想一想：为什么黄金可以作为货币？	《义务教育化学课程标准》 主题（二）物质的性质与应用 【内容要求】 知道金属具有一些共同的物理性质。 以铁生锈为例，了解防止金属腐蚀的常用方法。 【学业要求】 从辩证的角度，初步分析和评价物质的实际应用。
置换反应规律	9-2 金属与酸的反应 9-3 金属与水的反应 9-4 金属与水蒸气的反应 9-5 用碳置换金属 9-9 金属的置换反应	1. 金属与酸反应的生成物是什么？ 2. 想一想：哪些金属可以与水反应？ 3. 如何从铁矿石得到铁？ 4. 金属间的置换反应一般规律是什么？金属铜能与硫酸亚铁置换制备金属铁吗？	《义务教育化学课程标准》 主题（二）物质的性质与应用 【内容要求】 通过实验探究等活动认识常见金属的主要化学性质及金属活动性顺序。 【学业要求】 从物质类别的视角，依据金属活动性顺序、中和反应等，初步预测常见的金属、酸和碱的主要性质。
从离子参与及电子得失角度认识化学反应	9-8 离子方程式 9-6 氧化还原反应 9-7 第ⅦA族元素的置换反应	1. 离子方程式的特点是什么？ 2. 你能说出离子方程式与化学方程式的区别吗？ 3. 想一想：离子反应方程式的书写有哪些注意事项？ 4. 铝热反应是氧化还原反应，其中哪一种物质发生了还原反应？ 5. 第ⅦA族元素的活动性是怎样的？	《普通高中化学课程标准》 必修主题 2 "常见的无机物及其应用" 【内容要求】 认识有化合价变化的反应是氧化还原反应，了解氧化还原反应的本质是电子的转移，知道常见的氧化剂和还原剂。 【学业要求】 能利用电离、离子反应、氧化还原反应等概念对常见的反应进行分类和分析说明。

续表

主要内容	《DK 图解中学化学》章节	《DK 图解中学化学》要点梳理（学习检测：尝试回答下列问题）	化学课程标准要求
电解在化学中的应用	9–10 电解 9–11 金属的电解提取 9–12 电极反应方程式 9–13 如何提取铝 9–14 水的电解 9–15 电解实验 9–16 电解水溶液 9–17 电镀	1. 电解的基本装置是什么样的？ 2. 化合物处于什么样的状态才可以被电解？ 3. 什么叫电极反应方程式？ 4. 工业上是如何得到铝单质的呢？ 5. 电解水的产物是什么？ 6. 电解氯化钠和硫酸铜的产物是什么？ 7. 如何给铁勺子镀上一层银？请画出装置图。	**《普通高中化学课程标准》** 选择性必修模块 1 "化学反应原理" 主题 1 "化学反应与能量" 【内容要求】 了解电解池的工作原理，认识电解在实现物质转化和储存能量中的具体应用。 促使学生认识到电极反应、电极材料、离子导体、电子导体是电化学体系的基本要素。 实验及探究活动：电解氯化铜溶液；电解饱和食盐水；简单的电镀实验。

沙场秋点兵

例❶ 【中考·上海】现有下列各种方法：①金属表面涂抹油漆；②改变金属的内部结构；③保持金属表面清洁、干燥；④在金属表面进行电镀；⑤使金属表面形成致密的氧化物薄膜。其中能对金属起到防止或减缓腐蚀作用的措施是（　　）。

A. ①②③④　　　　B. ①③④⑤

C. ①②④⑤　　　　D. 全部

【答案】D

解析

①金属表面涂抹油漆，使铁制品与氧气和水隔绝，可以防止生锈；②改变金属的内部结构，可以使金属抗腐蚀性增强，不容易生锈；③保持金属表面清洁、干燥，金属不容易生锈；④在金属表面进行电镀，使铁制品与氧气和水隔绝，可以防止生锈；⑤使金属表面形成致密的氧化物薄膜，可使铁制品与氧气和水隔绝，防止生锈。故选 D。

例❷　【中考·驻马店】中国古诗词既蕴含人文思想，又焕发理性光辉。对下列诗句蕴含的化学知识解释不合理的是（　　）。

A. 水晶帘动微风起，满架蔷薇一院香——分子在不停地运动

B. 何意百炼钢，化为绕指柔——生铁反复捶打提升含碳量，变成钢

C. 千锤万凿出深山，烈火焚烧若等闲——煅烧石灰石，发生化学变化

D. 千淘万漉虽辛苦，吹尽狂沙始到金——金的化学性质稳定，在自然界以单质形式存在

【答案】B

⬡ 解析

A. 满架蔷薇一院香，整个院子都能闻到香味，说明分子在不断运动，使人闻到香味，正确；B. 生铁反复捶打可降低含碳量，变成钢，错误；C. 煅烧石灰石，有新物质氧化钙和二氧化碳生成，属于化学变化，正确；D. 金的化学性质稳定，在自然界以单质形式存在，正确。

例❸　【中考·深圳】明代科学家宋应星所著的《天工开物》中，详细记述了金、铜、铁、锌等金属的开采和冶炼方法。上述四种金属中金属活动性最强的是（　　）。

A. 锌　　B. 金　　C. 铁　　D. 铜

【答案】A

⬡ 解析

金属活动性顺序为K、Ca、Na、Mg、Al、Zn、Fe、Sn、Pb、（H）、Cu、Hg、Ag、Pt、Au，在金属活动性顺序里，金属的位置越靠前，它的活动性就越强，故题中金属活动性最强的是锌，选A。

例❹　【中考·石家庄】水是一种重要的自然资源，与人和动物的生存、工农业的生产息息相关。下列关于水的说法正确的是（　　）。

A. 清澈透明的泉水是纯净物

B. 电解水实验说明水是由氢气和氧气组成的

C. 要加强工业废水的排放监控，坚持达标后排放

D. 用过滤的方法可以除去水中的可溶性杂质

【答案】C

⬡ 解析

A. 清澈透明的泉水中溶有矿物质，属于混合物，说法错误；B. 电解水实验说明水是由氢元素和氧元素组成的，而不是由氢气和氧气组成的，说法错误；C. 加强工业废水的排放监控，坚持达标后排放是治理水体污染的措施，说法正确；D. 用过滤的方法可以除去水中的不溶性杂质，说法错误。故选C。

例⑤　【中考·重庆】因废旧家用电器里的电路板中含有 Al、Fe、Cu、Ag、Au 等多种贵重金属，在回收贵重金属的过程中，如把废旧电路板放入足量的盐酸中充分反应，然后过滤，剩余的固体含有的金属是（　　）。

A. Al、Cu、Au　　　　B. Fe、Au、Ag

C. Al、Fe、Cu　　　　D. Cu、Ag、Au

【答案】D

💡解析

在金属活动性顺序中，Fe、Al 排在氢的前面，可以与酸发生置换反应，而 Cu、Ag、Au 排在氢的后面，不能与酸发生置换反应，所以与盐酸充分反应后，剩余的金属是 Cu、Ag、Au，选 D。

习题练手

1.【中考·北京】电解水实验如右图，下列说法不正确的是（　　）。

A. 试管 1 中得到 H_2

B. 水由 H_2、O_2 构成

C. 水发生了分解反应

D. 水由氢、氧元素组成

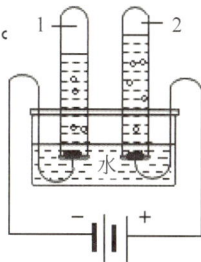

2.【初中】逻辑推理是学习化学常用的思维方法，根据下列事实，推理正确的是（　　）。

选项	事　　实	推　　理
A	锌是金属，能与盐酸反应	铜也是金属，也能与盐酸反应
B	一氧化碳能从氧化铁中还原出铁	一氧化碳能从氧化铜中还原出铜
C	铁在潮湿的空气中容易生锈	金在潮湿环境中也容易生锈
D	化学反应通常伴随能量变化	人类利用的能量都是由化学反应提供的

3.【中考·鞍山】向硝酸银和硝酸铜的混合溶液中加入一定量的铁粉，充分反应后过滤，得到滤渣和滤液，有关该实验的分析正确的是（　　）。

A. 该实验一定能判断出 Fe、Cu、Ag 的金属活动性强弱

B. 反应后溶液的质量一定减少

C. 滤液中一定含有 Fe^{2+} 和 Cu^{2+}

D. 滤渣中一定含有 Cu

4.【中考·安徽】某小组利用如图所示装置进行创新实验。实验时，先加热炭粉，一段时间后将酒精灯移至 CuO 处加热。下列说法错误的是（　　）。

A. 酒精灯加网罩是为了提高火焰温度

B. 气球可以收集尾气，防止污染空气

C. 反应过程中，黑色氧化铜变为红色固体

D. 装置中发生反应：$2CuO+C \xrightarrow{\text{高温}} 2Cu+CO_2\uparrow$

5.【高考·广东】宏观辨识与微观探析是化学学科核心素养之一。下列物质性质实验对应的反应方程式书写正确的是（　　）。

视频讲解

A. Na_2O_2 放入水中：$Na_2O_2 + H_2O == 2NaOH + H_2\uparrow$

B. $H_2O(g)$ 通过灼热铁粉：$3H_2O(g) + 2Fe == Fe_2O_3 + 3H_2$

C. 铜丝插入热的浓硫酸中：$Cu + H_2SO_4 == CuSO_4 + H_2\uparrow$

D. SO_2 通入酸性 $KMnO_4$ 溶液中：$5SO_2+2H_2O+2MnO_4^- == 5SO_4^{2-}+4H^+ + 2Mn^{2+}$

第10单元
能量转化

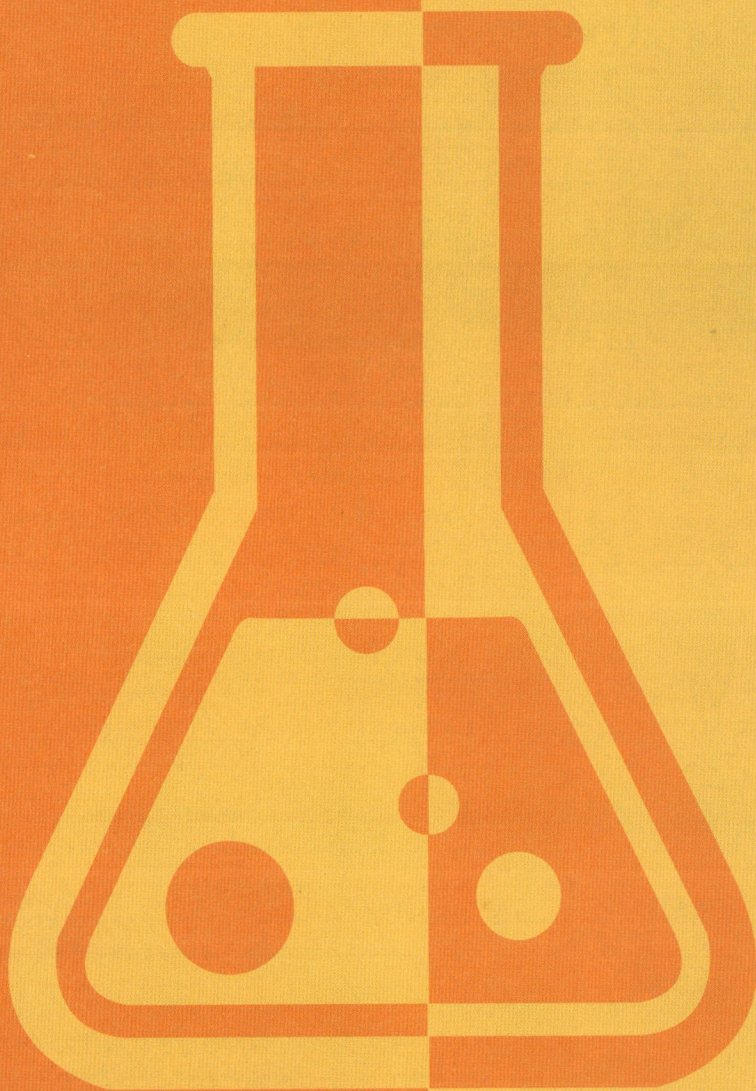

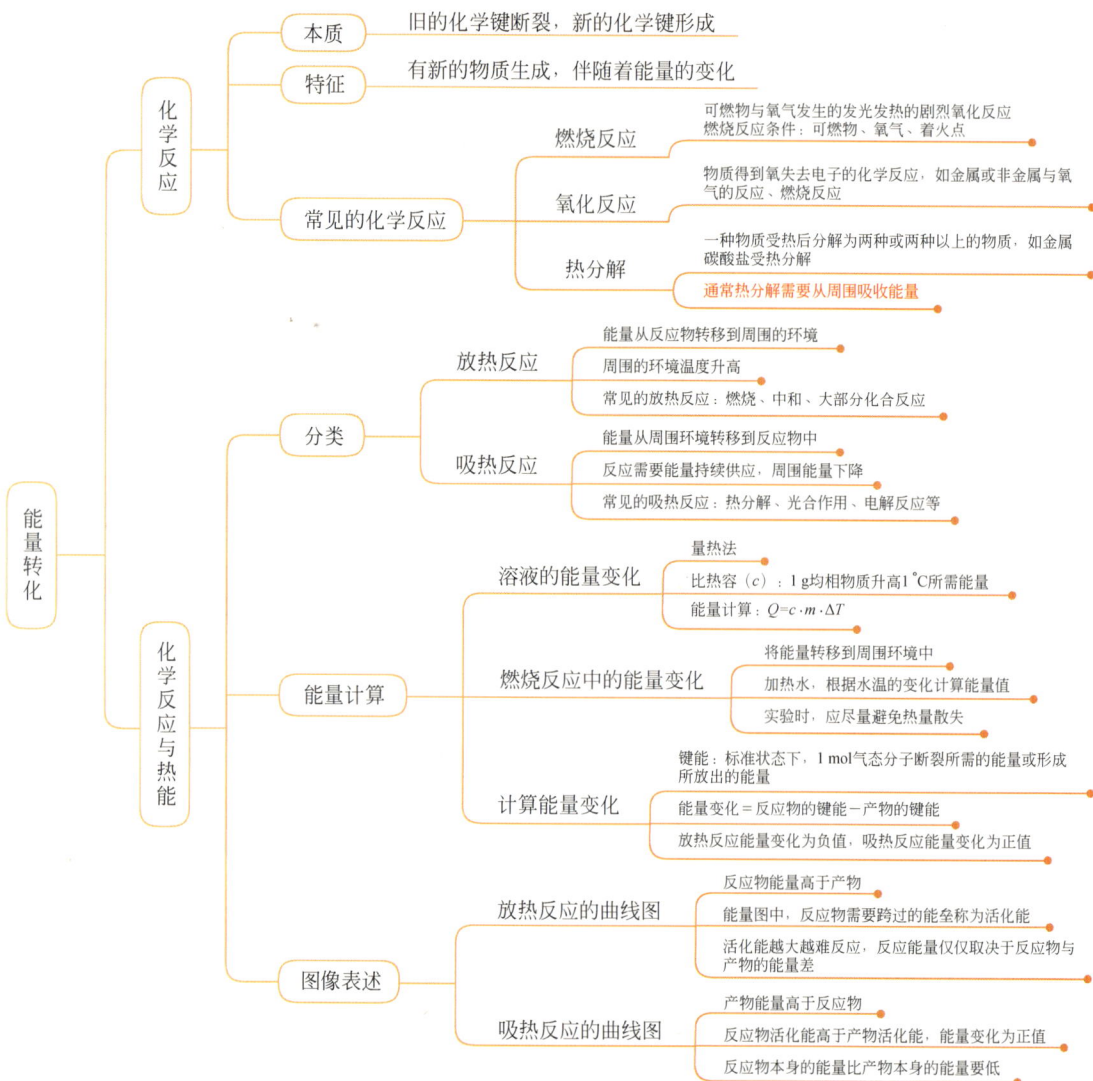

你知道为什么点燃木柴周围会感到暖和吗？你吃过自热火锅吗？你能说出自热火锅的应用原理吗？其实化学反应不仅会生成新物质，还伴随着能量转化。那么在化学反应中，能量的转化除了热能还有哪些形式呢？科学家又是怎样计算能量的呢？通过学习本单元内容，相信你一定可以找到答案。接下来就让我们一起探索吧！

知识大拼图

- **能量转化**
  - **化学反应**
    - **本质** —— 旧的化学键断裂，新的化学键形成
    - **特征** —— 有新的物质生成，伴随着能量的变化
    - **常见的化学反应**
      - **燃烧反应** —— 可燃物与氧气发生的发光发热的剧烈氧化反应 / 燃烧反应条件：可燃物、氧气、着火点
      - **氧化反应** —— 物质得到氧失去电子的化学反应，如金属或非金属与氧气的反应、燃烧反应
      - **热分解** —— 一种物质受热后分解为两种或两种以上的物质，如金属碳酸盐受热分解 / 通常热分解需要从周围吸收能量
  - **化学反应与热能**
    - **分类**
      - **放热反应**
        - 能量从反应物转移到周围的环境
        - 周围的环境温度升高
        - 常见的放热反应：燃烧、中和、大部分化合反应
      - **吸热反应**
        - 能量从周围环境转移到反应物中
        - 反应需要能量持续供应，周围能量下降
        - 常见的吸热反应：热分解、光合作用、电解反应等
    - **能量计算**
      - **溶液的能量变化**
        - 量热法
        - 比热容 (c)：1 g均相物质升高1℃所需能量
        - 能量计算：$Q = c \cdot m \cdot \Delta T$
      - **燃烧反应中的能量变化**
        - 将能量转移到周围环境中
        - 加热水，根据水温的变化计算能量值
        - 实验时，应尽量避免热量散失
      - **计算能量变化**
        - 键能：标准状态下，1 mol气态分子断裂所需的能量或形成所放出的能量
        - 能量变化＝反应物的键能－产物的键能
        - 放热反应能量变化为负值，吸热反应能量变化为正值
    - **图像表述**
      - **放热反应的曲线图**
        - 反应物能量高于产物
        - 能量图中，反应需要跨过的能垒称为活化能
        - 活化能越大越难反应，反应能量仅仅取决于反应物与产物的能量差
      - **吸热反应的曲线图**
        - 产物能量高于反应物
        - 反应物活化能高于产物活化能，能量变化为正值
        - 反应物本身的能量比产物本身的能量要低

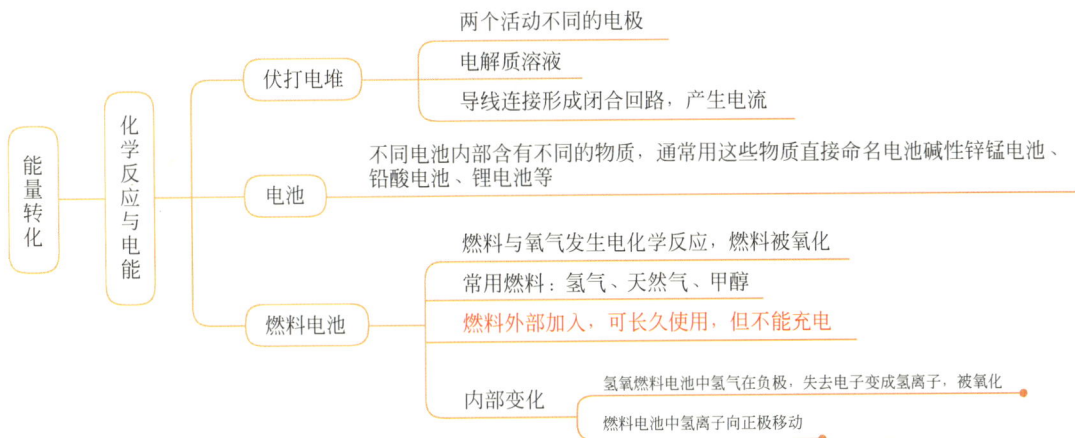

能量转化 — 化学反应与电能 — 伏打电堆
- 两个活动不同的电极
- 电解质溶液
- 导线连接形成闭合回路，产生电流

电池
- 不同电池内部含有不同的物质，通常用这些物质直接命名电池碱性锌锰电池、铅酸电池、锂电池等

燃料电池
- 燃料与氧气发生电化学反应，燃料被氧化
- 常用燃料：氢气、天然气、甲醇
- 燃料外部加入，可长久使用，但不能充电
- 内部变化
  - 氢氧燃料电池中氢气在负极，失去电子变成氢离子，被氧化
  - 燃料电池中氢离子向正极移动

点点对对碰

下面我们一起结合《DK 图解中学化学》进行要点梳理吧！

在梳理的过程中，尝试回答表中的问题，看一看能否回答出来。如果答不出，请再次阅读《DK 图解中学化学》或者求助父母、老师吧！

主要内容	《DK 图解中学化学》章节	《DK 图解中学化学》要点梳理（学习检测：尝试回答下列问题）	化学课程标准要求
物质的化学变化	10-1 化学反应 10-2 燃烧反应 10-3 氧化反应 10-4 热分解	1. 化学反应的本质和特征是什么？ 2. 你能说出燃烧反应的条件吗？ 3. 什么是氧化反应？你知道氧化反应与燃烧反应是什么关系吗？ 4. 你还能列举出一些常见的分解反应吗？分解反应一般周围的温度会下降，这说明了什么？	《义务教育化学课程标准》 主题（四）物质的化学变化 【内容要求】 理解化学反应的本质是原子的重新组合，化学反应前后，原子的种类和数量不变，分子的种类发生改变。 认识物质的变化过程伴随着能量变化，在一定条件下通过化学反应可以实现物质转化。 认识常见的化合反应、分解反应、置换反应和复分解反应及简单应用。 【学业要求】 能辨别常见的化合反应、分解反应、置换

续表

主要内容	《DK 图解中学化学》章节	《DK 图解中学化学》要点梳理（学习检测：尝试回答下列问题）	化学课程标准要求
物质的化学变化			反应和复分解反应。 能运用变量控制思想设计燃烧条件等实验探究方案。
物质结构基础及化学反应规律	10-5 放热反应 10-6 吸热反应	1. 放热反应和吸热反应与周围环境中的能量是怎么转移的？ 2. 你能说出常见的放热反应和吸热反应吗？	《普通高中化学课程标准》 必修主题 3"物质结构基础与化学反应规律" 【内容要求】 认识物质具有能量，认识吸热反应与放热反应，了解化学反应体系能量改变与化学键的断裂和形成有关。
化学反应与热能	10-7 能量变化：溶液 10-8 能量变化：燃烧反应 10-9 放热反应的曲线图 10-10 吸热反应的曲线图 10-11 计算能量变化	1. 什么是比热容？ 2. 你能描述一下测定能量变化的方法吗？ 3. 反应物在发生化学反应时，断开旧的化学键需要吸收能量，跨过一定的能垒，形成新的化学键要放出能量，怎么计算反应的能量变化呢？ 4. 你能说出放热反应和吸热反应的图像有何不同吗？	《普通高中化学课程标准》 选择性必修模块 1"化学反应原理"主题 1"化学反应与能量" 【学业要求】 能辨识化学反应中的能量转化形式，能解释化学反应中能量变化的本质。 能进行反应焓变的简单计算，能用热化学方程式表示反应中的能量变化，能运用反应焓变合理选择和利用化学反应。
化学反应与电能	10-12 简单的伏打电堆 10-13 伏打电堆 10-14 电池 10-15 燃料电池 10-16 燃料电池的内部	1. 世界上第一个电池是伏打电堆，它的构成条件是什么？ 2. 你能在生活中利用一些简易材料制备一个伏打电堆吗？ 3. 电池都是怎么命名的？我们生活中有哪些常见的电池？你能列举一些并说出它的应用吗？ 4. 燃料电池与普通电池有何区别？ 5. 氢氧燃料电池中，燃料氢气发生了什么反应？氢离子向哪一极移动？	《普通高中化学课程标准》 选择性必修模块 1"化学反应原理"主题 1"化学反应与能量" 【学业要求】 能分析、解释原电池的工作原理，能设计简单的原电池和电解池。 能列举常见的化学电源，并能利用相关信息分析化学电源的工作原理。

沙场秋点兵

例① 【中考·海南】燃烧是人类获取能量的重要方法。

（1）通常情况下，除了具有可燃性外，物质燃烧还需要哪些条件？

_____

_____。

（2）资料显示：① $H_2+Cl_2 \xrightarrow{\text{点燃}} 2HCl$；② $2Mg+CO_2 \xrightarrow{\text{点燃}} 2MgO+C$。据此你对燃烧条件有什么新的认识？ _____

_____。

【答案】（1）与氧气接触、温度达到着火点 （2）燃烧不一定需要氧气

解析

（1）燃烧需要同时满足三个条件：①可燃物；②与氧气或空气接触；③温度要达到着火点。
（2）由① $H_2+Cl_2 \xrightarrow{\text{点燃}} 2HCl$、② $2Mg+CO_2 \xrightarrow{\text{点燃}} 2MgO+C$ 可知，氢气能在氯气中燃烧，镁能在二氧化碳中燃烧，说明燃烧不一定需要氧气。

例② 【高考·北京】下列设备工作时，将化学能转化为热能的是（ ）。

A. 硅太阳能电池

B. 锂离子电池

C. 太阳能集热器

D. 燃气灶

【答案】D

解析

A. 硅太阳能电池是将光能转化为电能，错误；B. 锂离子电池是化学电池，将化学能转化为电能，错误；C. 太阳能集热器将光能转化为热能，错误；D. 燃气灶工作时将化学能转化为热能，正确。

例❸ 【中考·深圳】如下图所示实验，下列说法错误的是（　　）。

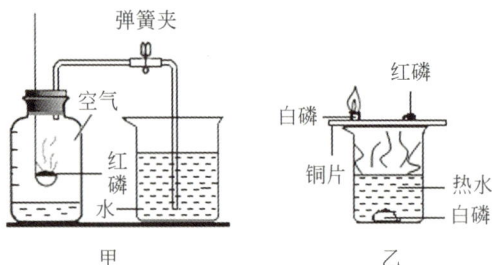

A. 由甲图可知，O_2 占空气质量的 21%

B. 由乙图可知，白磷燃烧需要和空气接触

C. 薄铜片上的白磷燃烧，冒出白烟

D. 点燃红磷后，要迅速放入集气瓶中

【答案】A

解析

A. 由甲图可知，O_2 占空气体积的 21%，不是空气质量的 21%，说法错误；B. 乙图中，水下的白磷未燃烧，铜片上的白磷燃烧了，说明磷燃烧需要和空气接触，说法正确；C. 薄铜片上的白磷燃烧，生成白色固体 P_2O_5，冒出白烟，说法正确；D. 点燃红磷后，要迅速放入集气瓶中，说法正确。故选 A。

例❹ 【高考·浙江】如下图所示进行实验，下列说法不正确的是（　　）。

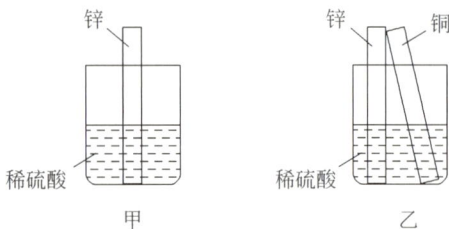

A. 装置甲的锌片上和装置乙的铜片上均可观察到有气泡产生

B. 甲、乙装置中的能量变化均为化学能转化为电能

C. 装置乙中的锌、铜之间用导线连接电流计，可观察到电流计指针发生偏转

D. 装置乙中负极的电极反应式：$Zn-2e^- \stackrel{}{=\!\!=\!\!=} Zn^{2+}$

【答案】B

解析

A. 装置甲的锌片与硫酸反应生成硫酸锌和氢气，装置乙中锌片、铜片和稀硫酸组成的原电池装置中，铜片作正极，正极上氢离子得电子发生还原反应，所以装置甲的锌片上和装置乙的铜片上均可观察到有气泡产生，正确；B. 装置甲的锌片与硫酸反应生成硫酸锌和氢气没有形成原电池，错误；C. 装置乙中锌片、铜片和稀硫酸组成的原电池装置中，锌、铜之间用导线连接电流计，可观察到电流计指针发生偏转，正确；D. 装置乙中锌片、铜片和稀硫酸组成的原电池装置中，锌片的活泼性大于铜片的活泼性，所以锌片作负极，负极上锌失电子发生氧化反应，电极反应式为：$Zn-2e^- \stackrel{}{=\!\!=\!\!=} Zn^{2+}$，正确。故选 B。

例5 【高中】CO 和 O 在钌催化剂的表面有"线式"和"桥式"两种反应方式，其中"线式"反应在催化剂表面形成化学键的过程如下图所示，下列说法正确的是（　　　）。

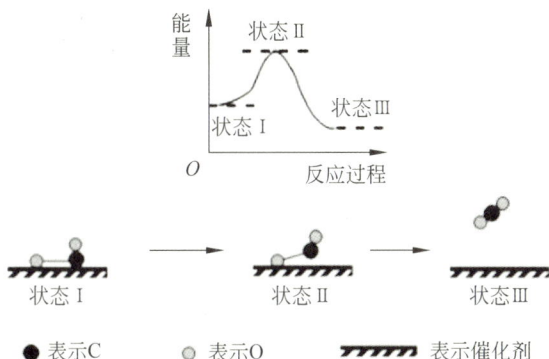

● 表示C　　● 表示O　　▱▱▱▱ 表示催化剂

A. CO_2 和 CO 都能与碱反应生成盐和水

B. 该过程中，CO 先断键成 C 和 O

C. 状态Ⅰ→状态Ⅲ是放热过程

D. 钌催化剂降低了该反应的焓变

【答案】C

解析

CO_2 能与碱反应生成盐和水，但 CO 不能与碱反应生成盐和水，故 A 项错误；从整个过程来看，CO 在反应过程中，化学键没有断裂，故 B 项错误；状态Ⅰ的总能量高于状态Ⅲ的总能量，所以状态Ⅰ→状态Ⅲ是放热过程，故 C 项正确；催化剂只是改变速率，降低了反应的活化能，但对反应的焓变没有影响，故 D 项错误。

习题练手

1.【中考·河池】我国科学家成功合成新型催化剂能将 CO_2 高效转化为甲醇（CH_3OH），该反应的微观过程如下图所示。下列说法正确的是（　　　）。

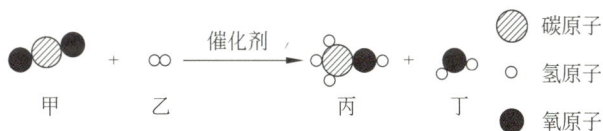

甲　　乙　　催化剂　　丙　　丁

▨ 碳原子　○ 氢原子　● 氧原子

A. 反应前后分子和原子的种类都不变

B. 该反应前后氢元素的化合价不变

C. 丙由 1 个碳原子、4 个氢原子和 1 个氧原子构成

D. 该反应的化学方程式为：$CO_2 + 3H_2 \xrightarrow{\text{催化剂}} CH_3OH + H_2O$

2.【中考·海南】将棉手帕放入 60% 左右的酒精中浸湿，用坩埚钳夹住点燃，待火焰熄灭后，棉手帕依然完好，如图所示。下列有关该实验的叙述正确的是（　　）。

A. 棉手帕不是可燃物，不能燃烧

B. 棉手帕接触不到氧气，不能燃烧

C. 被酒精浸湿后，棉手帕的着火点升高了

D. 酒精中的水蒸发使温度达不到棉手帕的着火点

3.【高考·广东】理论研究表明，在 101 kPa 和 298 K 下，顺 -2- 丁烯（g）$\rightleftharpoons$ 反 -2- 丁烯（g）异构化反应过程的能量变化如图所示。下列说法错误的是（　　）。

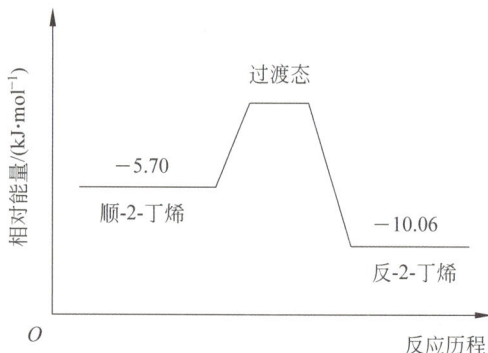

视频讲解

A. 反 -2- 丁烯化学性质没有顺 -2- 丁烯活泼

B. 该异构化反应的 $\Delta H = -4.36$ kJ·mol^{-1}

C. 正反应活化能小于逆反应活化能

D. 加入催化剂可以降低反应物和产物的相对能量

4.【高考·全国】反应 A+B⟶C（$\Delta H < 0$）分两步进行：① A+B⟶X（$\Delta H > 0$）；② X⟶C（$\Delta H < 0$）。

下列示意图中，能正确表示总反应过程中能量变化的是（　　）。

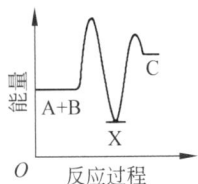

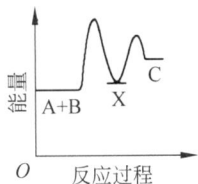

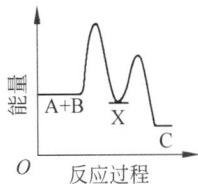

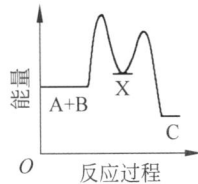

A　　　　　　　B　　　　　　　C　　　　　　　D

5.【高考·广东】火星大气中含有大量 CO_2，一种有 CO_2 参加反应的新型全固态电池有望为火星探测器供电。该电池以金属钠为负极，碳纳米管为正极，放电时（　　）。

A. 负极上发生还原反应　　　　B. CO_2 在正极上得电子

C. 阳离子由正极移向负极　　　　D. 将电能转化为化学能

第11单元
化学反应速率
和化学平衡

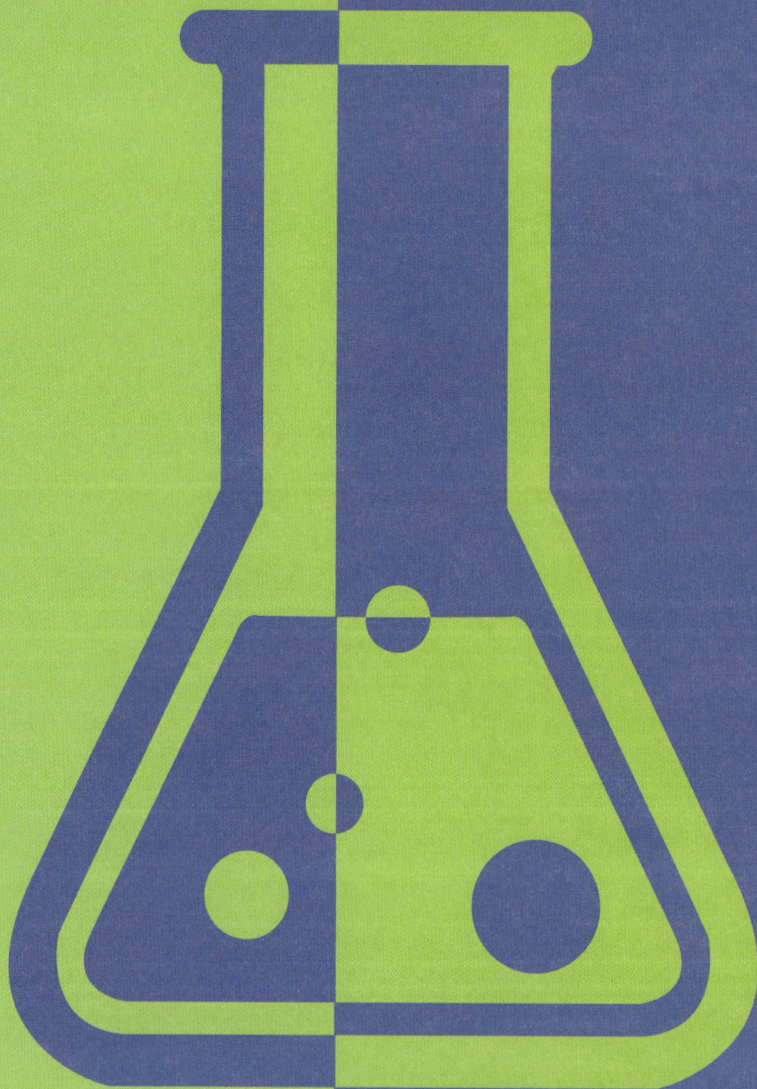

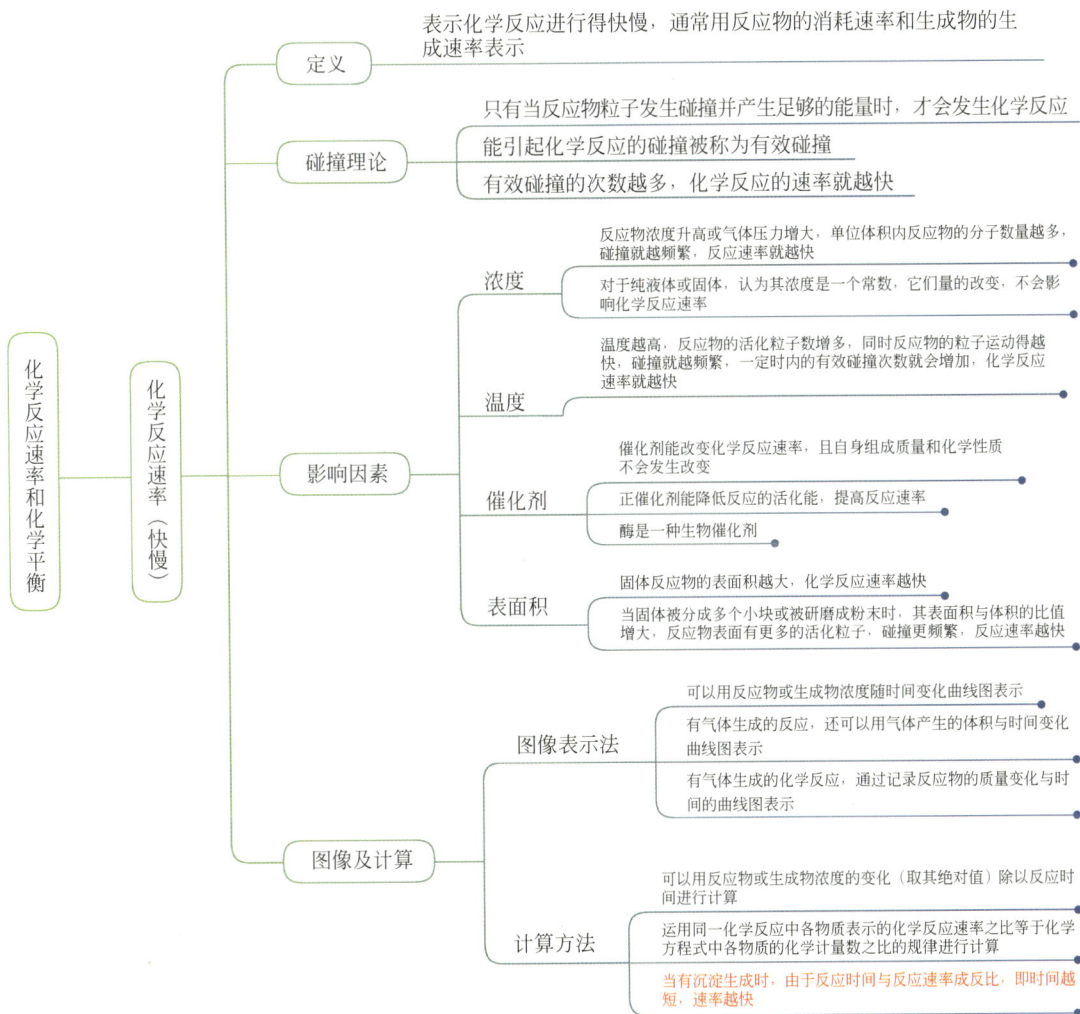

同学们，你们是不是发现身边的一些化学反应有些进行得很快，有些进行得很慢呢？还有些反应的反应物并不能百分之百的转化为生成物，这又是怎么回事呢？接下来，让我们一起尝试从本单元中寻找答案吧！

知识大拼图

化学反应速率和化学平衡 — 化学反应速率（快慢）

定义
表示化学反应进行得快慢，通常用反应物的消耗速率和生成物的生成速率表示

碰撞理论
- 只有当反应物粒子发生碰撞并产生足够的能量时，才会发生化学反应
- 能引起化学反应的碰撞被称为有效碰撞
- 有效碰撞的次数越多，化学反应的速率就越快

影响因素

浓度
- 反应物浓度升高或气体压力增大，单位体积内反应物的分子数量越多，碰撞就越频繁，反应速率就越快
- 对于纯液体或固体，认为其浓度是一个常数，它们量的改变，不会影响化学反应速率

温度
- 温度越高，反应物的活化粒子数增多，同时反应物的粒子运动得越快，碰撞就越频繁，一定时内的有效碰撞次数就会增加，化学反应速率就越快

催化剂
- 催化剂能改变化学反应速率，且自身组成质量和化学性质不会发生改变
- 正催化剂能降低反应的活化能，提高反应速率
- 酶是一种生物催化剂

表面积
- 固体反应物的表面积越大，化学反应速率越快
- 当固体被分成多个小块或被研磨成粉末时，其表面积与体积的比值增大，反应物表面有更多的活化粒子，碰撞更频繁，反应速率越快

图像及计算

图像表示法
- 可以用反应物或生成物浓度随时间变化曲线图表示
- 有气体生成的反应，还可以用气体产生的体积与时间变化曲线图表示
- 有气体生成的化学反应，通过记录反应物的质量变化与时间的曲线图表示

计算方法
- 可以用反应物或生成物浓度的变化（取其绝对值）除以反应时间进行计算
- 运用同一化学反应中各物质表示的化学反应速率之比等于化学方程式中各物质的化学计量数之比的规律进行计算
- 当有沉淀生成时，由于反应时间与反应速率成反比，即时间越短，速率越快

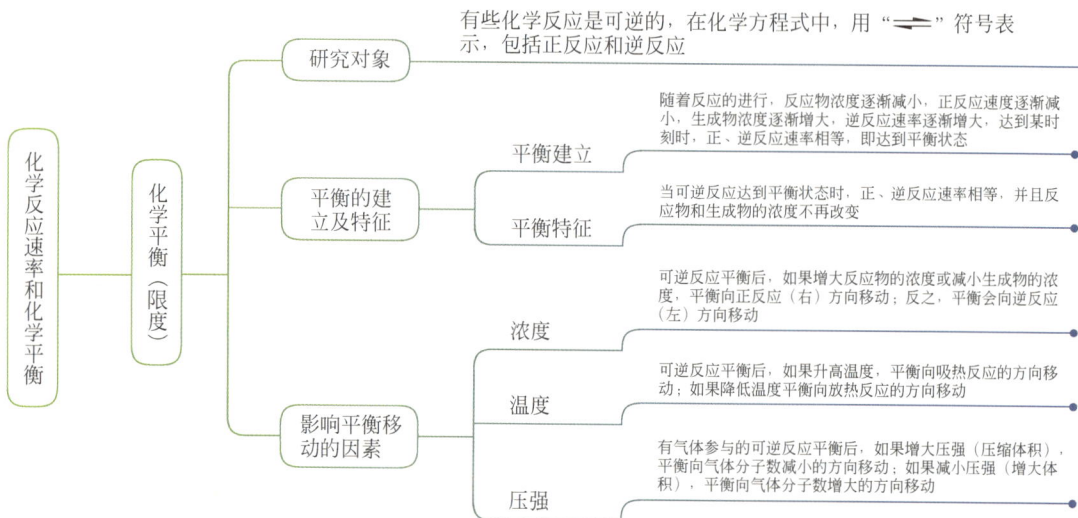

研究对象 —— 有些化学反应是可逆的，在化学方程式中，用 "⇌" 符号表示，包括正反应和逆反应

平衡建立 —— 随着反应的进行，反应物浓度逐渐减小，正反应速度逐渐减小，生成物浓度逐渐增大，逆反应速率逐渐增大，达到某时刻时，正、逆反应速率相等，即达到平衡状态

平衡特征 —— 当可逆反应达到平衡状态时，正、逆反应速率相等，并且反应物和生成物的浓度不再改变

浓度 —— 可逆反应平衡后，如果增大反应物的浓度或减小生成物的浓度，平衡向正反应（右）方向移动；反之，平衡会向逆反应（左）方向移动

温度 —— 可逆反应平衡后，如果升高温度，平衡向吸热反应的方向移动；如果降低温度平衡向放热反应的方向移动

压强 —— 有气体参与的可逆反应平衡后，如果增大压强（压缩体积），平衡向气体分子数减小的方向移动；如果减小压强（增大体积），平衡向气体分子数增大的方向移动

化学反应速率和化学平衡 —— 化学平衡（限度） —— 平衡的建立及特征、影响平衡移动的因素

点点对对碰

下面我们一起结合《DK 图解中学化学》进行要点梳理吧！

在梳理的过程中，尝试回答表中的问题，看一看能否回答出来。如果答不出，请再次阅读《DK 图解中学化学》或者求助父母、老师吧！

主要内容	《DK 图解中学化学》章节	《DK 图解中学化学》要点梳理（学习检测：尝试回答下列问题）	化学课程标准要求
化学反应	11-1 化学反应速率	1. 化学反应速率与物理中的速率是一个意思吗？通常用什么来表示？ 2. 你知道为什么有些化学反应进行得快，有些慢吗？ 3. 我们可以用哪些物理量来描述反应的速率？	**《普通高中化学课程标准》** 选择性必修课程模块 1 "化学反应原理" 主题 2 "化学反应的方向、限度和速率" 【内容要求】 知道化学反应速率的表示方法。
	11-2 化学反应碰撞理论	1. 有效碰撞是什么意思？ 2. 反应物粒子发生碰撞，一定能发生化学反应吗？ 3. 如何用碰撞理论解释化学反应速率的快慢？	**《普通高中化学课程标准》** 选择性必修课程模块 1 "化学反应原理" 主题 2 "化学反应的方向、限度和速率" 【教学提示】 结合具体实例，使学生认识到化学反应是有历程的；结合具体数据，使学生认识到活化能对化学反应速率的影响。

续表

主要内容	《DK 图解中学化学》章节	《DK 图解中学化学》要点梳理（学习检测：尝试回答下列问题）	化学课程标准要求
化学反应速率的影响因素	11-3 化学反应速率与温度 11-4 化学反应速率与浓度 11-5 化学反应速率与表面积 11-6 化学反应速率与催化剂	1. 影响化学反应速率的外界条件有哪些？ 2. 如何用碰撞理论来解释温度、浓度、压强、催化剂和表面积对化学反应速率的影响？	**《普通高中化学课程标准》** 选择性必修课程模块1"化学反应原理"主题2"化学反应的方向、限度和速率" 【内容要求】 通过实验探究，了解温度、浓度、压强和催化剂对化学反应速率的影响。
化学反应速率的图像和计算	11-7 化学反应速率图 11-8 化学反应速率与气体体积 11-9 化学反应速率与质量的变化 11-10 化学反应速率与沉淀 11-11 浓度对化学反应速率的影响 11-12 计算化学反应速率	1. 若用反应物浓度或生成物浓度的变化来表示反应速率，其表达式是什么？ 2. 若有气体生成的反应，可以测量哪些数据来计算反应速率？ 3. 若有沉淀生成的反应，可以测量哪些数据来计算反应速率？ 4. 反应速率曲线图中的斜率越大，表示反应的速率越快，对吗？ 5. 通过计算得到的反应速率，是表示瞬时速率还是平均反应速率？	**《普通高中化学课程标准》** 选择性必修课程模块1"化学反应原理"主题2"化学反应的方向、限度和速率" 【内容要求】 知道化学反应速率的表示方法，了解测定化学反应速率的简单方法。
化学平衡	11-13 可逆反应	1. 什么是可逆反应？ 2. 五水合硫酸铜的脱水反应与硫酸铜溶液结晶得五水合硫酸铜是可逆反应吗？	**《普通高中化学课程标准》** 必修主题3"物质结构基础及化学反应规律" 【内容要求】 了解可逆反应的含义，知道可逆反应在一定条件下能达到化学平衡。

续表

主要内容	《DK 图解中学化学》章节	《DK 图解中学化学》要点梳理（学习检测：尝试回答下列问题）	化学课程标准要求
化学平衡	11-14 化学平衡	1. 化学平衡是怎样建立的？ 2. 可逆反应达到化学平衡时，具有什么样的特征？	《普通高中化学课程标准》 选择性必修课程模块 1"化学反应原理"主题 2"化学反应的方向、限度和速率" 【内容要求】 通过实验探究，了解浓度、压强、温度对化学平衡状态的影响。
	11-15 可逆反应中的能量传递	1. 所有化学反应都会吸收或释放能量吗？ 2. 一个可逆反应的正反应是吸热反应，那逆反应是什么反应？	
	11-16 化学平衡与温度	1. 升高温度，化学平衡向吸热还是放热反应方向移动？ 2. 升温或降温，化学平衡一定会移动吗？	
	11-17 化学平衡与压强	1. 增大压强，化学平衡向气体分子数增大还是减小的方向移动？ 2. 增大压强或者减小压强，化学平衡一定会移动吗？	
	11-18 化学平衡与浓度	1. 增大反应物的浓度，化学平衡向哪个方向移动？ 2. 恒容条件下，改变某一物质的量，化学平衡一定会移动吗？	

沙场秋点兵

例① 【高中】在 2 L 密闭容器内，某气体反应物在 2 s 内由 8 mol 变为 7.2 mol，则用该气体表示该反应的平均反应速率为（　　）。

A. $0.4 \text{ mol} \cdot (\text{L} \cdot \text{s})^{-1}$　　B. $0.3 \text{ mol} \cdot (\text{L} \cdot \text{s})^{-1}$

C. $0.2 \text{ mol} \cdot (\text{L} \cdot \text{s})^{-1}$　　D. $0.1 \text{ mol} \cdot (\text{L} \cdot \text{s})^{-1}$

【答案】C

解析

用该气体表示反应的平均反应速率为 $v = \dfrac{\Delta c}{\Delta t} = \dfrac{8 \text{ mol} - 7.2 \text{ mol}}{2 \text{ L} \times 2 \text{ s}} = 0.2 \text{ mol} \cdot (\text{L} \cdot \text{s})^{-1}$，C 项正确。

例② 【高中】下列有关化学反应速率的说法正确的是（　　）。

A. 对任何化学反应来说，反应速率越大，反应现象就越明显

B. 化学反应速率通常用单位时间内任何一种反应物浓度的减少或任何一种生成物浓度的增加来表示

C. 若某化学反应的反应速率为 0.5 mol·(L·s)$^{-1}$，就是指在该时间内反应物和生成物的浓度变化都为 0.5 mol·(L·s)$^{-1}$

D. 化学反应速率是用来衡量化学反应进行快慢的尺度

【答案】D

🍅 **解析**

A. 中和反应速率很快，但有的没有明显现象，错误；B. 在化学反应中，由于固体和纯液体的浓度视为常数，其浓度变化值为0，故不能用它们表示反应速率，错误；C. 单位错，浓度变化单位应为 mol·L^{-1}，且由于化学计量数不一定相同，在该时间内反应物和生成物的浓度变化不一定都为 0.5 mol·L^{-1}，错误；D. 化学反应速率是用来衡量化学反应进行快慢的尺度，正确。

例③ 【高中】下列说法不正确的是（　　）。

A. 增大反应物浓度，单位体积内分子数增大，分子间距离更小，有效碰撞次数增多

B. 增大压强，单位体积内气体的活化分子数增多，有效碰撞次数增多

C. 升高温度，活化分子数增加，分子运动速率加快，有效碰撞次数增多

D. 增大反应物的表面积，能降低反应的活化能，提高活化分子数，有效碰撞次数增多

【答案】D

🍅 **解析**

A. 增大反应物浓度，单位体积内分子数增大，分子间距离更小，有效碰撞次数增多，正确；B. 增大压强，相当于减小体积，单位体积内气体的活化分子数增多，有效碰撞次数增多，正确；C. 升高温度，相当于给分子提供了能量，使更多分子变为活化分子，分子运动速度加快，活化分子数增加，有效碰撞次数增多，正确；D. 增大反应物表面积，是因为当物体被分成多个小块时，其表面积与体积的比值变大，反应物表面有更多的活化粒子，因此粒子间碰撞更频繁，有效碰撞次数增多，而题目中表述的能降低反应的活化能，是因为加入了正催化剂，错误。

例④　【高考·北京】NO_2 和 N_2O_4 存在平衡：
$2NO_2(g) \rightleftharpoons N_2O_4(g)$　$\Delta H<0$。下列分析正确的是
（　　）。

A. 1 mol 平衡混合气体中含 1 mol N 原子

B. 断裂 2 mol NO_2 中的共价键所需能量小于断裂
1 mol N_2O_4 中的共价键所需能量

C. 恒温时，缩小容积，气体颜色变深，是平衡正向
移动导致的

D. 恒容时，水浴加热，由于平衡正向移动导致气体
颜色变浅

【答案】B

🔖 解析

A. 1mol NO_2 含有 1 mol N 原子，1 mol N_2O_4 含有 2 mol N 原子，现为可逆反应，为 NO_2 和 N_2O_4 的混合气体，1 mol 平衡混合气体中所含 N 原子的物质的量大于 1 mol，错误；B. 反应 $2NO_2(g) \rightleftharpoons N_2O_4(g)$ 为放热反应，故完全断开 2 mol NO_2 分子中的共价键所吸收的热量比完全断开 1 mol N_2O_4 分子中的共价键所吸收的热量少，正确；C.气体体积压缩，颜色变深是因为体积减小，浓度变大，错误；D. 放热反应，温度升高，平衡逆向移动，颜色加深，错误。

习题练手

1.【高中】在下列影响化学反应速率的外界因素中，肯定能使化学反应速率加快的方法是（　　）。

①升高温度　　②使用催化剂　　③增大反应物浓度

④将块状固体反应物磨成粉末　　⑤增大压强

A. ①②③⑤　　　　B. ①②④⑤　　　　C. ①③④　　　　D. ①②③④

2.【高中】化学反应速率是通过实验测定的，下列化学反应速率的测量中，测量依据不可行的是（　　）。

选项	化学反应	测量依据（单位时间内）
A	$2NO_2 \rightleftharpoons N_2O_4$	颜色深浅
B	$Zn+H_2SO_4 = ZnSO_4 + H_2\uparrow$	H_2 体积
C	$CO(g)+H_2O(g) \rightleftharpoons CO_2(g)+H_2(g)$	压强变化
D	$Ca(OH)_2+Na_2CO_3 = CaCO_3\downarrow+2NaOH$	沉淀质量

3.【高中】现有反应 $3Fe(s) + 4H_2O(g) \rightleftharpoons Fe_3O_4(s) + 4H_2(g)$，在一体积可调的密闭容器中进行，采取下列措施对其反应速率几乎无影响的是（　　）。

A. 增加 H_2 的量

B. 将容器体积缩小一半

C. 保持容器内体积不变，充入 Ar 使体系压强增大

D. 充入 Ar，保持容器内压强不变

4.【高中】在下列可逆反应中，增大压强或降低温度，均可使平衡向正反应方向移动的是（　　）。

A. $2SO_2(g) + O_2(g) \rightleftharpoons 2SO_3(g)$　$\Delta H < 0$

B. $4NH_3(g) + 5O_2(g) \rightleftharpoons 4NO(g) + 6H_2O(g)$　$\Delta H < 0$

C. $2NH_3(g) \rightleftharpoons N_2(g) + 3H_2(g)$　$\Delta H > 0$

D. $SO_2(g) + NO_2(g) \rightleftharpoons SO_3(g) + NO(g)$　$\Delta H < 0$

5.【高中】在某一容积为 5 L 的密闭容器内，加入 0.2 mol 的 CO 和 0.2 mol 的 H_2O，在催化剂存在的条件下加热至高温，发生如下反应：$CO(g) + H_2O(g) \rightleftharpoons CO_2(g) + H_2(g)$　$\Delta H > 0$。反应中 CO_2 的浓度随时间变化情况如右图所示。

（1）根据图中数据，反应开始至达到平衡时，CO 的化学反应速率为 ＿＿＿＿＿＿＿＿＿＿＿；反应达到平衡时，$c(H_2) =$ ＿＿＿＿＿＿＿＿＿＿＿。

（2）该反应达到平衡时，说法正确的是 ＿＿＿＿＿＿＿＿。

① CO 减少的化学反应速率和 CO_2 减少的化学反应速率相等

② CO、H_2O、CO_2、H_2 的浓度都相等

③ CO、H_2O、CO_2、H_2 的浓度都不再发生变化

④ 正、逆反应速率都为零

第12单元
有机化学

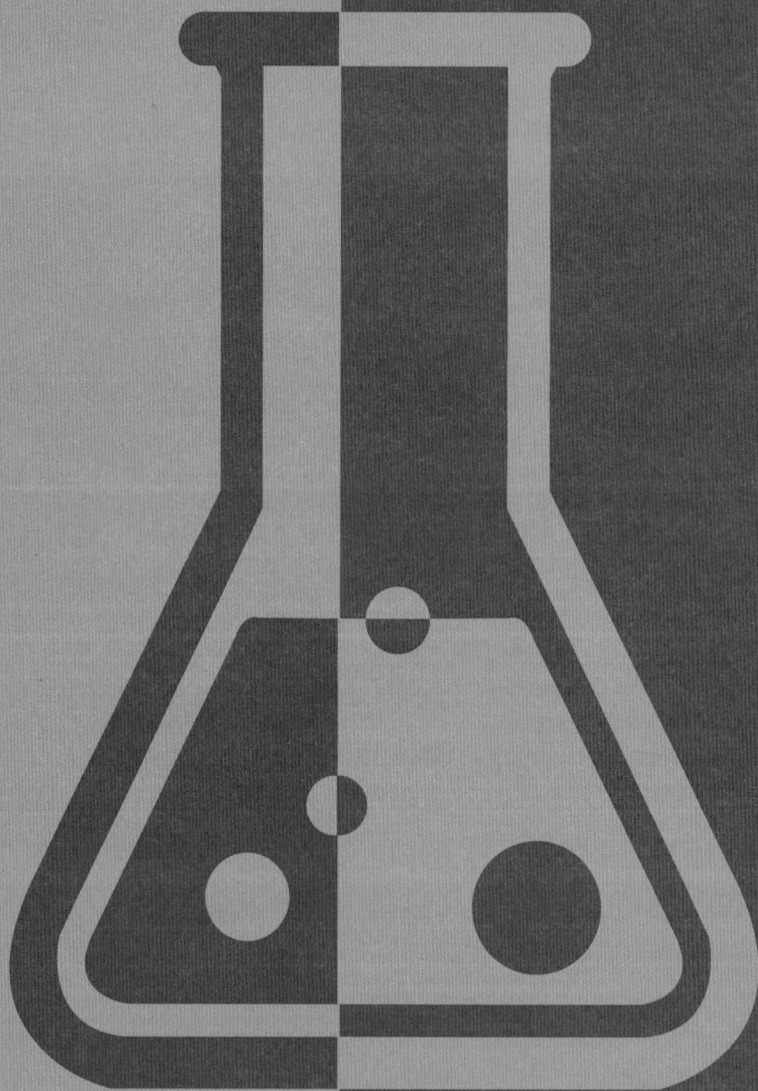

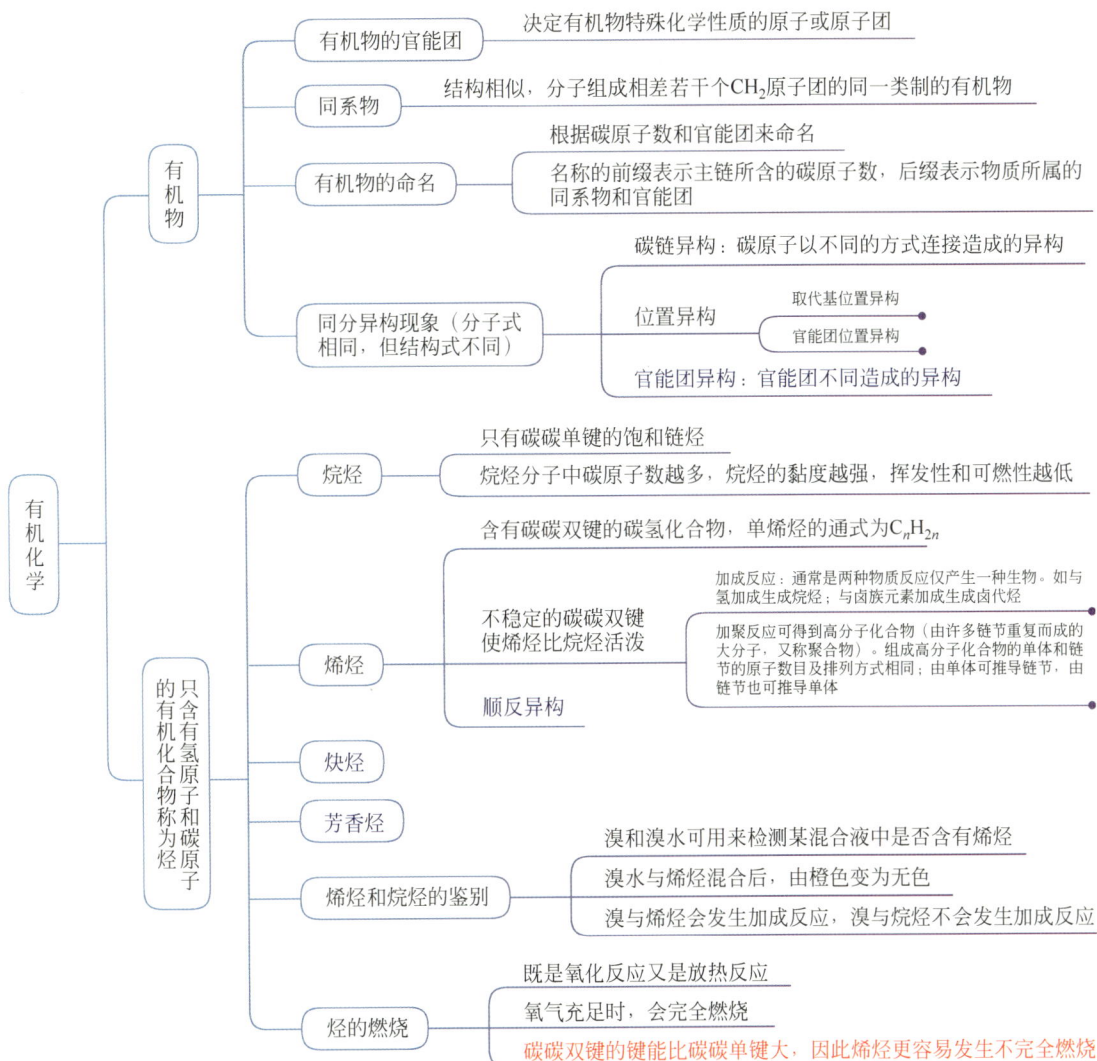

在生活中，大家肯定遇到过很多有机物，例如很多人都喜欢吃的糖果里面含有的糖类；吃的鱼和肉里面含有的蛋白质；豆浆里含有的植物蛋白等。那么化学上关于有机物是怎么定义的呢？有机物有哪些物理性质和化学性质呢？本单元，我们就一起来学习一下吧！

知识大拼图

有机物

- 有机物的官能团 —— 决定有机物特殊化学性质的原子或原子团
- 同系物 —— 结构相似，分子组成相差若干个CH_2原子团的同一类制的有机物
- 有机物的命名 —— 根据碳原子数和官能团来命名
  - 名称的前缀表示主链所含的碳原子数，后缀表示物质所属的同系物和官能团
- 同分异构现象（分子式相同，但结构式不同）
  - 碳链异构：碳原子以不同的方式连接造成的异构
  - 位置异构 —— 取代基位置异构 / 官能团位置异构
  - 官能团异构：官能团不同造成的异构

有机化学 —— 只含有氢原子和碳原子的有机化合物称为碳氢

- 烷烃
  - 只有碳碳单键的饱和链烃
  - 烷烃分子中碳原子数越多，烷烃的黏度越强，挥发性和可燃性越低
- 烯烃
  - 含有碳碳双键的碳氢化合物，单烯烃的通式为C_nH_{2n}
  - 不稳定的碳碳双键使烯烃比烷烃活泼
    - 加成反应：通常是两种物质反应仅产生一种生物。如与氢加成生成烷烃；与卤族元素加成生成卤代烃
    - 加聚反应可得到高分子化合物（由许多链节重复而成的大分子，又称聚合物）。组成高分子化合物的单体和链节的原子数目及排列方式相同；由单体可推导链节，由链节也可推导单体
  - 顺反异构
- 炔烃
- 芳香烃
- 烯烃和烷烃的鉴别
  - 溴和溴水可用来检测某混合液中是否含有烯烃
  - 溴水与烯烃混合后，由橙色变为无色
  - 溴与烯烃会发生加成反应，溴与烷烃不会发生加成反应
- 烃的燃烧
  - 既是氧化反应又是放热反应
  - 氧气充足时，会完全燃烧
  - 碳碳双键的键能比碳碳单键大，因此烯烃更容易发生不完全燃烧

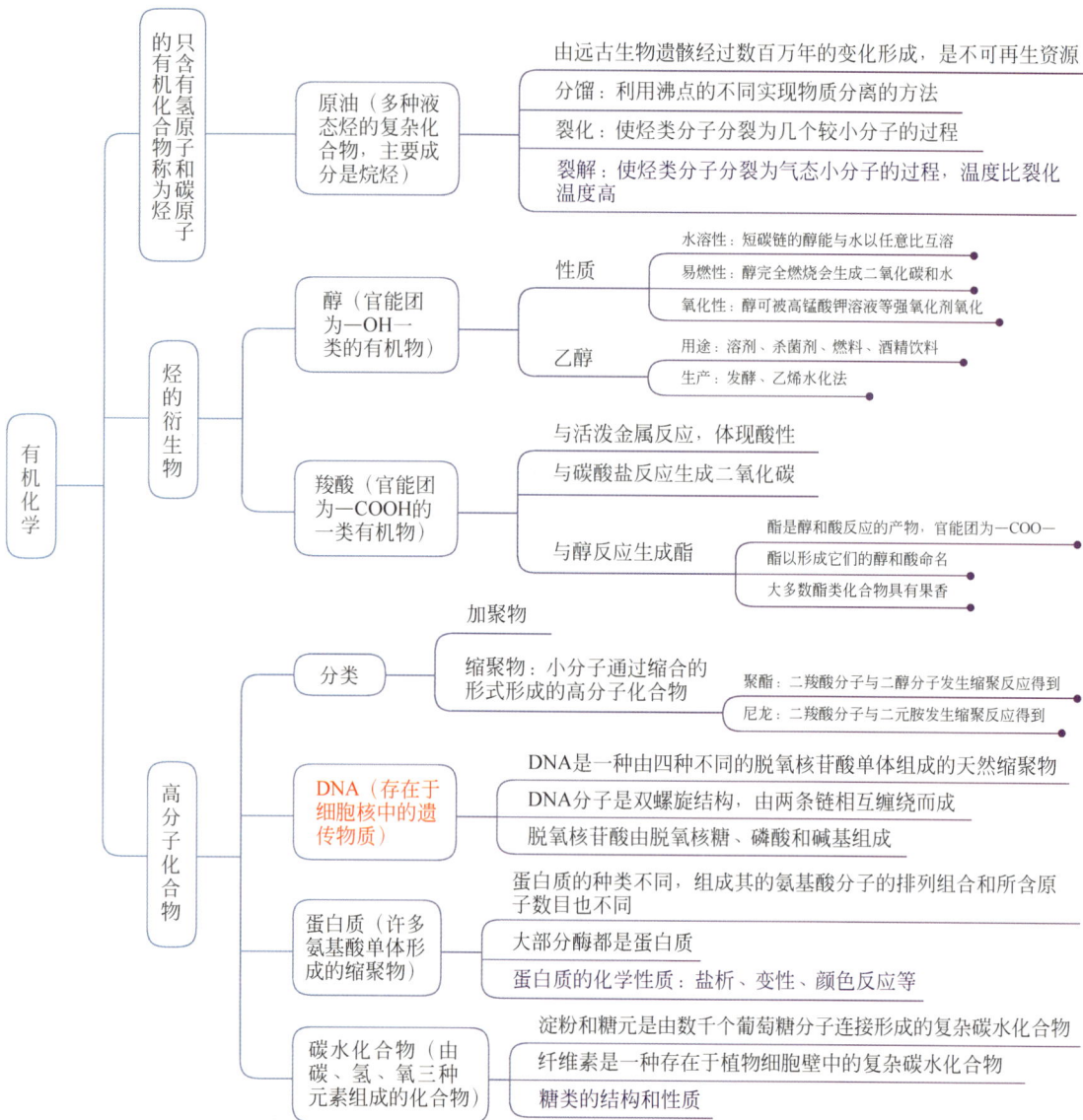

有机化学

只含有氢原子和碳原子的有机化合物称为碳烃

原油（多种液态烃的复杂化合物，主要成分是烷烃）
- 由远古生物遗骸经过数百万年的变化形成，是不可再生资源
- 分馏：利用沸点的不同实现物质分离的方法
- 裂化：使烃类分子分裂为几个较小分子的过程
- 裂解：使烃类分子分裂为气态小分子的过程，温度比裂化温度高

烃的衍生物

醇（官能团为—OH一类的有机物）
- 性质
  - 水溶性：短碳链的醇能与水以任意比互溶
  - 易燃性：醇完全燃烧会生成二氧化碳和水
  - 氧化性：醇可被高锰酸钾溶液等强氧化剂氧化
- 乙醇
  - 用途：溶剂、杀菌剂、燃料、酒精饮料
  - 生产：发酵、乙烯水化法

羧酸（官能团为—COOH的一类有机物）
- 与活泼金属反应，体现酸性
- 与碳酸盐反应生成二氧化碳
- 与醇反应生成酯
  - 酯是醇和酸反应的产物，官能团为—COO—
  - 酯以形成它们的醇和酸命名
  - 大多数酯类化合物具有果香

高分子化合物

分类
- 加聚物
- 缩聚物：小分子通过缩合的形式形成的高分子化合物
  - 聚酯：二羧酸分子与二醇分子发生缩聚反应得到
  - 尼龙：二羧酸分子与二元胺发生缩聚反应得到

DNA（存在于细胞核中的遗传物质）
- DNA是一种由四种不同的脱氧核苷酸单体组成的天然缩聚物
- DNA分子是双螺旋结构，由两条链相互缠绕而成
- 脱氧核苷酸由脱氧核糖、磷酸和碱基组成

蛋白质（许多氨基酸单体形成的缩聚物）
- 蛋白质的种类不同，组成其的氨基酸分子的排列组合和所含原子数目也不同
- 大部分酶都是蛋白质
- 蛋白质的化学性质：盐析、变性、颜色反应等

碳水化合物（由碳、氢、氧三种元素组成的化合物）
- 淀粉和糖元是由数千个葡萄糖分子连接形成的复杂碳水化合物
- 纤维素是一种存在于植物细胞壁中的复杂碳水化合物
- 糖类的结构和性质

点点对对碰

下面我们一起结合《DK 图解中学化学》进行要点梳理吧！

在梳理的过程中，尝试回答表中的问题，看一看能否回答出来。如果答不出，请再次阅读《DK 图解中学化学》或者求助父母、老师吧！

主要内容	《DK 图解中学化学》章节	《DK 图解中学化学》要点梳理（学习检测：尝试回答下列问题）	化学课程标准要求
生活中常见的有机化合物	12-1 有机化合物 12-2 有机化合物的命名	1. 你能区分生活中哪些物质是有机物吗？ 2. 官能团与有机物的性质之间有什么联系？ 3. 如何命名一个陌生的有机物？ 4. 你能分别举出几个互为同系物的有机物和互为同分异构体的有机物吗？	《义务教育化学课程标准》 主题（二）物质的性质与应用 【内容要求】 认识物质是多样的，知道物质既有天然存在的也有人工创造的，既有无机物也有有机物。 【学业要求】 能依据物质的类别列举一些简单的单质、氧化物、酸、碱、盐及生活中常见的有机物。 《普通高中化学课程标准》 选择性必修模块 3"有机化学基础"主题 1"有机化合物的组成与结构" 【学业要求】 能辨识有机化合物分子中的官能团，判断有机物化合物分子中碳原子的饱和程度、键的类型，分析键的极性；能依据有机化合物分子的结构特征分析简单有机化合物的某些化学性质。 能辨识同分异构现象，能写出符合特定条件的同分异构体，能列举说明立体异构现象。
	12-3 烃类 12-4 烷烃的物理性质 12-5 烃类化合物的燃烧 12-6 原油 12-7 分馏 12-8 裂化 12-9 石蜡油的催化裂化 12-10 烯烃 12-11 加成反应	1. 你能列举一些生活中常见的烷烃和烯烃吗？它们有什么用途？ 2. 怎么判断一种有机物是属于烷烃还是烯烃？ 3. 你认为烯烃能发生的反应有哪些？ 4. 如何鉴别烯烃和烷烃？ 5. 生活中常见的醇有哪些？它们在性质上有哪些共同点？ 6. 你知道石油和汽油之间的关系吗？ 7. 你知道为什么"石油是工业的血液"吗？ 8. 你能列举出醇的用途吗？ 9. 柠檬为什么尝起来是酸的？ 10. 生活中有哪些常见的有机酸？它们与无机酸的区别是什么？ 11. 你知道生活中的哪些物质中含有酯吗？	《普通高中化学课程标准》 选择性必修模块 3"有机化学基础"主题 2"烃及其衍生物的性质与应用" 【学业要求】 能写出烃及其衍生物的官能团、简单代表物的结构简式和名称；能够列举各类有机化合物的典型代表物的主要物理性质。 能描述和分析各类有机化合物的典型代表物的重要反应，能书写相应的反应式。 能基于官能团、化学键的特点与反应规律分析和推断含有典型官能团的有机化合物的化学性质。根据有关信息书写相应的反应式。 能综合应用有关知识完成推断有机化合物、检验官能团、设计有机合成路线等任务。

续表

主要内容	《DK 图解中学化学》章节	《DK 图解中学化学》要点梳理（学习检测：尝试回答下列问题）	化学课程标准要求
生活中常见的有机化合物	12-12 同分异构体 12-13 烯烃的燃烧 12-14 检测烯烃和烷烃 12-17 醇 12-18 醇的性质 12-19 乙醇的用途 12-20 乙醇的生产 12-21 羧酸 12-22 羧酸的化学反应 12-23 酯		
	12-15 高分子化合物的形成 12-16 高分子化合物的结构简式 12-24 缩聚物 12-25 聚酯和尼龙 12-26 DNA 12-27 蛋白质 12-28 碳水化合物 12-29 高分子化合物水解	1. 生活中有哪些物质属于高分子化合物？ 2. 生活中哪些物质富含蛋白质？ 3. 你能举出几种人工合成的高分子化合物吗？ 4. DNA 的功能是什么？ 5. 人体摄入蛋白质后，蛋白质发生了什么变化？ 6. 常见的碳水化合物有哪些？ 7. 什么是聚合物的单体？你能书写一些聚合反应吗？	**《义务教育化学课程标准》** 主题（五）化学与社会·跨学科实践 【内容要求】 了解酒精、天然气、有机高分子材料等在社会生活中的应用。 基于碳中和理念设计低碳行动方案。 【学业要求】 能列举生活中常见的能源和资源、金属材料和有机合成材料及其应用。 **《普通高中化学课程标准》** 选择性必修模块 3 "有机化学基础" 主题 3 "生物大分子及合成高分子" 【学业要求】 能对单体和高分子进行相互推断，能分析高分子的合成路线，能写出典型的加聚反应和缩聚反应的反应式。 能列举典型糖类物质，能说明单糖、二糖和多糖的区别与联系，能探究葡萄糖的化

续表

主要内容	《DK 图解中学化学》章节	《DK 图解中学化学》要点梳理（学习检测：尝试回答下列问题）	化学课程标准要求
生活中常见的有机化合物			学性质，能描述淀粉、纤维素的典型性质。能辨识蛋白质结构中的肽键，能说明蛋白质的基本结构特点，能判断氨基酸的缩合产物、多肽的水解产物。能分析说明氨基酸、蛋白质与人体健康的关系。

沙场秋点兵

例① 【高考·浙江】下列表示不正确的是（ ）。

A. 乙炔的实验式为 C_2H_2

B. 乙醛的结构简式为 CH_3CHO

C. 2，3-二甲基丁烷的键线式为 ⟩—⟨

D. 乙烷的球棍模型为

【答案】A

🔻 解析

乙炔的分子式为 C_2H_2，实验式为 CH，故 A 项错误；乙醛的分子式为 C_2H_4O，结构简式为 CH_3CHO，故 B 项正确；2，3-二甲基丁烷的结构简式为 $(CH_3)_2CHCH(CH_3)_2$，键线式为 ⟩—⟨，故 C 项正确；乙烷的结构简式为 CH_3CH_3，球棍模型为，故 D 项正确。

例② 【高考·全国】下列叙述正确的是（ ）。

A. 甲醇既可发生取代反应也可发生加成反应

B. 用饱和碳酸氢钠溶液可以鉴别乙酸和乙醇

C. 烷烃的沸点高低仅取决于碳原子数的多少

D. 戊二烯与环戊烷互为同分异构体

【答案】B

🔻 解析

甲醇不能发生加成反应，A 项错误；乙酸与碳酸氢钠反应有气体放出，乙醇不能反应，现象不一致，可以鉴别，B 项正确；烷烃的沸点不仅取决于碳原子数的多少，还与结构等因素有关，烷烃碳原子数相同时，支链越多，沸点越低，C 项错误；戊二烯（C_5H_8）与环戊烷（C_5H_{10}），两者分子式不同，不能互称同分异构体，D 项错误。

例❸　【高考·北京】我国科研人员发现中药成分黄芩素能明显抑制新型冠状病毒的活性。下列关于黄芩素的说法不正确的是（　　）。

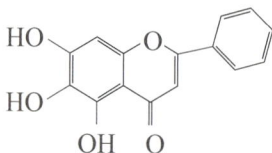

A. 分子中有三种官能团

B. 能与 Na_2CO_3 溶液反应

C. 在空气中可发生氧化反应

D. 能和 Br_2 发生取代反应和加成反应

【答案】A

解析

根据物质结构简式可知，该物质分子中含有酚羟基、醚键、羰基、碳碳双键四种官能团，A 项错误；黄芩素分子中含有酚羟基，由于酚的酸性比 $NaHCO_3$ 强，所以黄芩素能与 Na_2CO_3 溶液反应生成 $NaHCO_3$，B 项正确；酚羟基不稳定，容易被空气中的氧气氧化，C 项正确；该物质分子中含有酚羟基，由于羟基所连的苯环的邻、对位有 H 原子，因此可以与浓溴水发生苯环上的取代反应，分子中含有不饱和的碳碳双键，可以与 Br_2 等发生加成反应，D 项正确。

例❹　【高考·浙江】关于油脂，下列说法不正确的是（　　）。

A. 硬脂酸甘油酯可表示为
$$C_{17}H_{33}COO-CH_2$$
$$|\quad\quad\quad\quad\quad$$
$$C_{17}H_{33}COO-CH$$
$$|\quad\quad\quad\quad\quad$$
$$C_{17}H_{33}COO-CH_2$$

B. 花生油能使酸性高锰酸钾溶液褪色

C. 植物油通过催化加氢可转变为氢化油

D. 油脂是一种重要的工业原料，可用于制造肥皂、油漆等

【答案】A

解析

硬脂酸为饱和高级脂肪酸，其结构可以表示为：$C_{17}H_{35}COOH$，硬脂酸甘油酯可表示为：
$$C_{17}H_{35}COOCH_2$$
$$|\quad\quad\quad\quad$$
$$C_{17}H_{35}COOCH$$，A 项错误；花
$$|\quad\quad\quad\quad$$
$$C_{17}H_{35}COOCH_2$$
生油是含有较多的不饱和高级脂肪酸甘油酯，含有碳碳双键，可以使酸性高锰酸钾褪色，B 项正确；花生油是含有较多的不饱和高级脂肪酸甘油酯，可以和氢气发生加成反应生成氢化植物油，C 项正确；油脂是一种重要的工业原料，在碱性条件下水解，发生皂化反应，可用于制造肥皂，D 项正确。

例⑤　【高考·全国】一种活性物质的结构简式为

，下列有关该物质的叙述正确的是（　　）。

A. 能发生取代反应，不能发生加成反应

B. 既是乙醇的同系物，也是乙酸的同系物

C. 与

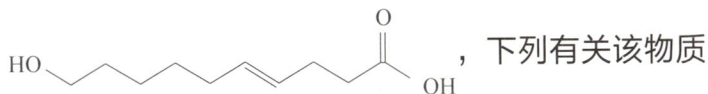

互为同分异构体

D. 1 mol 该物质与碳酸钠反应得 44 g CO_2

【答案】C

解析

该物质含有羟基、羧基、碳碳双键，能发生取代反应和加成反应，故 A 错误；同系物是结构相似，分子式相差 1 个或 n 个 CH_2 的有机化合物，该物质的分子式为 $C_{10}H_{18}O_3$，而且与乙醇、乙酸结构不相似，故 B 项错误；该物质的分子式为 $C_{10}H_{18}O_3$，

 的

分子式为 $C_{10}H_{18}O_3$，所以二者的分子式相同，结构不同，互为同分异构体，故 C 项正确；该物质只含有一个羧基，1 mol 该物质与碳酸钠反应，最多生成 0.5 mol 二氧化碳，最大质量为 22 g，故 D 项错误。

习题练手

1.【高考·河北】高分子材料在生产生活中应用广泛。下列说法错误的是（　　）。

　A. 芦苇可用于制造黏胶纤维，其主要成分为纤维素

　B. 聚氯乙烯通过加聚反应制得，可用于制作不粘锅的耐热涂层

　C. 淀粉是相对分子质量可达几十万的天然高分子物质

　D. 大豆蛋白纤维是一种可降解材料

2.【高考·河北】苯并降冰片烯是一种重要的药物合成中间体，结构简式如图所示。关于该化合物，下列说法正确的是（　　）。

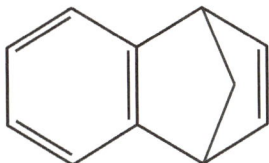

A. 是苯的同系物

B. 分子中最多 8 个碳原子共平面

C. 一氯代物有 6 种（不考虑立体异构）

D. 分子中含有 4 个碳碳双键

3.【高考·江苏】萜类化合物（见下图）广泛存在于动植物体内，关于下列萜类化合物的说法正确的是（　　）。

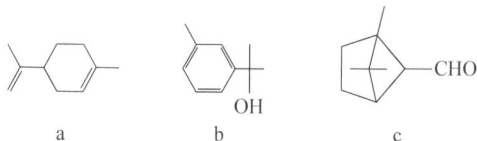

A. a 和 b 都属于芳香族化合物

B. a 和 c 分子中所有碳原子均处于同一平面上

C. a、b、c 均能使酸性 $KMnO_4$ 溶液褪色

D. b 和 c 均能与新制 $Cu(OH)_2$ 悬浊液反应生成砖红色沉淀

4.【高考·浙江】下列说法不正确的是（　　）。

A. 甘氨酸和丙氨酸混合，在一定条件下可生成 4 种二肽

B. 乙酸、苯甲酸、乙二酸（草酸）均不能使酸性高锰酸钾溶液褪色

C. 纤维素与乙酸酐作用生成的醋酸纤维可用于生产电影胶片片基

D. 工业上通常用植物油与氢气反应生产人造奶油

5.【高考·全国】分子式为 $C_5H_{10}O_2$ 并能与饱和 $NaHCO_3$ 溶液反应放出气体的有机物有（不含立体异构）（　　）种。

A. 3 　　　　　B. 4 　　　　　C. 5 　　　　　D. 6

视频讲解

第13单元
化学分析

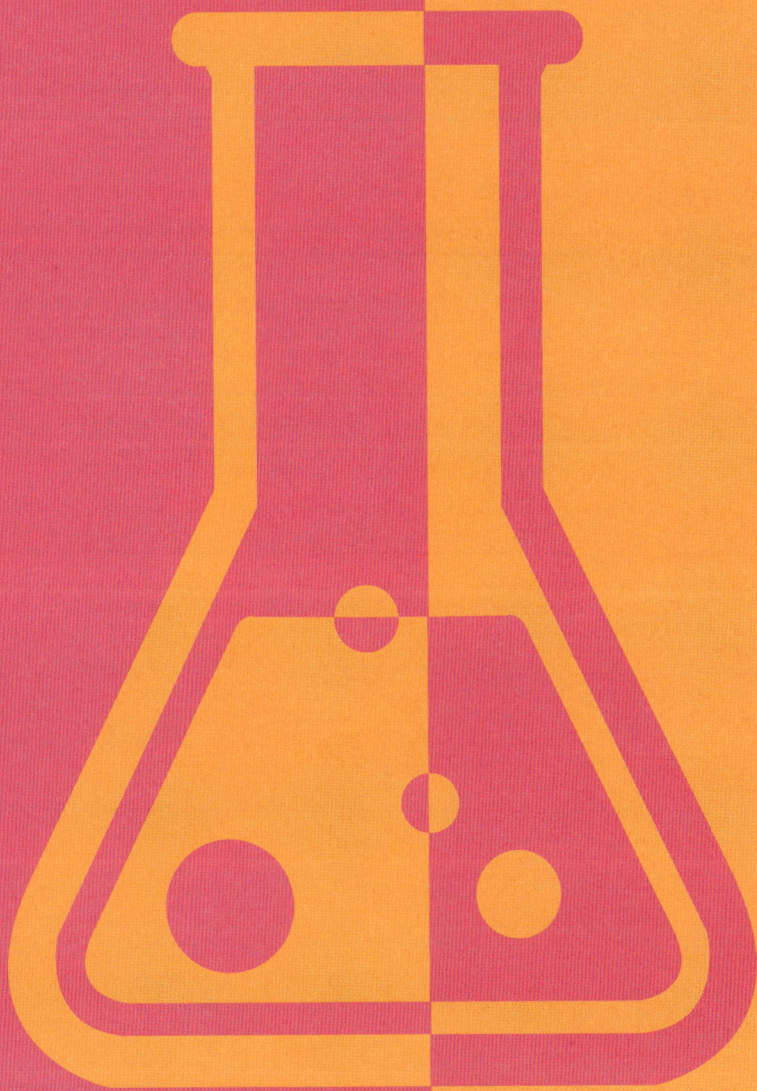

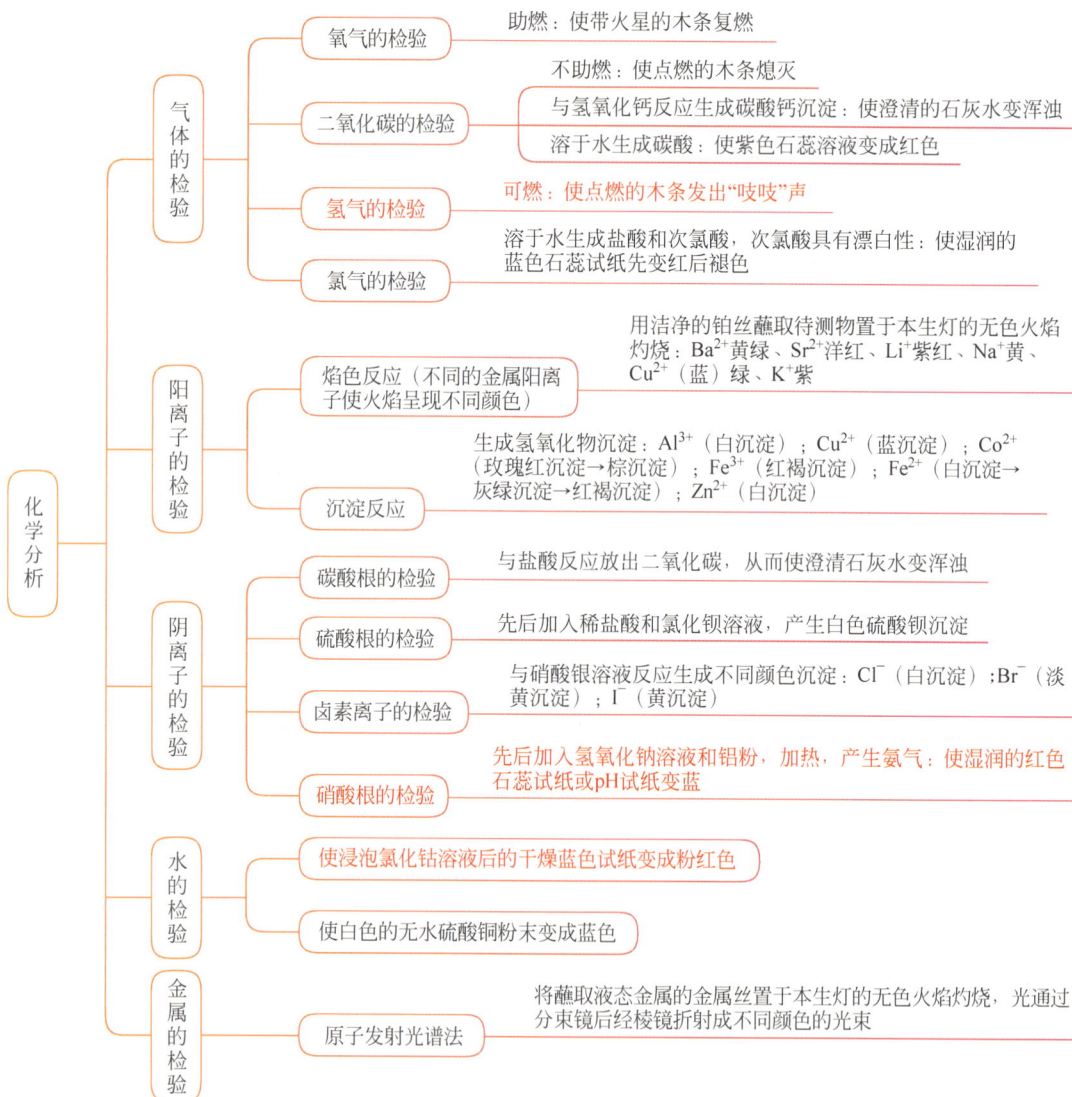

魔术表演中，魔术师喷点"水"，就能将蓝纸变成红色；节日庆典中，绚丽的烟花，增加了欢度佳节的氛围；种植农作物时，有的化肥会散发臭味。这里面蕴含了哪些化学知识呢？让我们看一看本单元能带来哪些惊喜吧！

知识大拼图

气体的检验
- 氧气的检验
  - 助燃：使带火星的木条复燃
  - 不助燃：使点燃的木条熄灭
- 二氧化碳的检验
  - 与氢氧化钙反应生成碳酸钙沉淀：使澄清的石灰水变浑浊
  - 溶于水生成碳酸：使紫色石蕊溶液变成红色
- 氢气的检验
  - 可燃：使点燃的木条发出"吱吱"声
- 氯气的检验
  - 溶于水生成盐酸和次氯酸，次氯酸具有漂白性：使湿润的蓝色石蕊试纸先变红后褪色

化学分析

阳离子的检验
- 焰色反应（不同的金属阳离子使火焰呈现不同颜色）
  - 用洁净的铂丝蘸取待测物置于本生灯的无色火焰灼烧：Ba^{2+} 黄绿、Sr^{2+} 洋红、Li^+ 紫红、Na^+ 黄、Cu^{2+}（蓝）绿、K^+ 紫
- 沉淀反应
  - 生成氢氧化物沉淀：Al^{3+}（白沉淀）；Cu^{2+}（蓝沉淀）；Co^{2+}（玫瑰红沉淀→棕沉淀）；Fe^{3+}（红褐沉淀）；Fe^{2+}（白沉淀→灰绿沉淀→红褐沉淀）；Zn^{2+}（白沉淀）

阴离子的检验
- 碳酸根的检验
  - 与盐酸反应放出二氧化碳，从而使澄清石灰水变浑浊
- 硫酸根的检验
  - 先后加入稀盐酸和氯化钡溶液，产生白色硫酸钡沉淀
- 卤素离子的检验
  - 与硝酸银溶液反应生成不同颜色沉淀：Cl^-（白沉淀）；Br^-（淡黄沉淀）；I^-（黄沉淀）
- 硝酸根的检验
  - 先后加入氢氧化钠溶液和铝粉，加热，产生氨气：使湿润的红色石蕊试纸或pH试纸变蓝

水的检验
- 使浸泡氯化钴溶液后的干燥蓝色试纸变成粉红色
- 使白色的无水硫酸铜粉末变成蓝色

金属的检验
- 原子发射光谱法
  - 将蘸取液态金属的金属丝置于本生灯的无色火焰灼烧，光通过分束镜后经棱镜折射成不同颜色的光束

点点对对碰

下面我们一起结合《DK 图解中学化学》进行要点梳理吧！

在梳理的过程中，尝试回答表中的问题，看一看能否回答出来。如果答不出，请再次阅读《DK 图解中学化学》或者求助父母、老师吧！

主要内容	《DK 图解中学化学》章节	《DK 图解中学化学》要点梳理（学习检测：尝试回答下列问题）	化学课程标准要求
常见物质的检验	13-1 氧气的检验 13-2 二氧化碳的检验	1. 我们可以怎样制取少量的氧气和二氧化碳？ 2. 怎样用生活中的材料尝试检验氧气和二氧化碳？	《义务教育化学课程标准》 主题（二）物质的性质与应用 【内容要求】 通过实验探究认识氧气、二氧化碳的主要性质，认识物质的性质与用途的关系。 氧气的实验室制取与性质。 二氧化碳的实验室制取与性质。 【学业要求】 能设计简单实验，制备并检验氧气和二氧化碳。
	13-3 氢气的检验 13-9 水的检验	1. 氢气为什么是清洁能源和可再生资源？ 2. 氢气燃烧前为什么要验纯？ 3. 你知道有哪些方法可以检验物质中是否含有水？	《义务教育化学课程标准》 主题（一）科学探究与化学实验 【内容要求】 初步学会根据某些性质检验和区分一些常见的物质。 水的组成及变化的探究。 【学业要求】 能基于必做实验形成的探究思路与方法，结合物质的组成及变化等相关知识，分析解决真实情境中的简单实验问题。
	13-8 氯气的检验	1. 用湿润的石蕊试纸检验氯气时，有哪些现象？ 2. 干燥的氯气和湿润的氯气是否都能漂白干花？	《普通高中化学课程标准》 必修主题 2"常见的无机物及其应用" 【内容要求】 结合真实情境中的应用实例或通过实验探究，了解氯、氮、硫及其重要化合物的主要性质。

续表

主要内容	《DK 图解中学化学》章节	《DK 图解中学化学》要点梳理（学习检测：尝试回答下列问题）	化学课程标准要求
常见阴离子的检验	13-6 阴离子的检验：碳酸根和硫酸根 13-7 阴离子的检验：卤离子和硝酸根	1. 你能说出碳酸根与硫酸根的检验方法吗？ 2. 用洁厕灵（主要成分 HCl）是否可以证明大理石中含有碳酸根离子？ 3. 查资料，了解一下检查胃溃疡的钡餐用了什么化学物质？ 4. 怎样检验硝酸根？ 5. 用硝酸银溶液检验不同卤素离子时的现象有何不同？	《普通高中化学课程标准》必修主题 2 "常见的无机物及其应用" 【内容要求】了解常见离子的检验方法。
常见阳离子的检验	13-4 阳离子的检验：焰色反应 13-5 阳离子的检验：沉淀反应	1. 为什么不同的金属元素可以制造成颜色各异的烟花？ 2. 你能说出常见的有色的氢氧化物沉淀颜色吗？	
仪器检验方法	13-10 原子发射光谱法 13-11 光谱分析法	1. 怎样用原子光谱鉴别不同的金属？	

沙场秋点兵

例① 【高中】下列关于离子或物质的鉴别，判断正确的是（　　）。

A. 将装有鲜花的集气瓶中充满氯气，鲜花褪色，说明氯气具有漂白性

B. 向某溶液中滴入硝酸酸化的硝酸银溶液，产生黄色沉淀，该溶液中一定有 Br^-

C. 加入稀盐酸，生成的气体能使澄清石灰水变浑浊，一定有 CO_3^{2-} 存在

D. 向某溶液中滴加浓 NaOH 溶液，产生使湿润的红色石蕊试纸变蓝的气体，则该溶液中含 NH_4^+

【答案】D

解析

A. 鲜花中含有水分，Cl_2 与 H_2O 反应会生成 HClO，HClO 具有漂白作用，故错误；B. 溶液中也有可能存在 I^-，与 Ag^+ 反应产生黄色沉淀，——AgI，故错误；C. 若该气体为 CO_2，则原溶液中存在的也可能是 HCO_3^-，故错误；D. 若溶液中含有 NH_4^+，则会与 OH^- 反应，产生 NH_3，从而使湿润的红色石蕊试纸变蓝，故正确。

例2 【高中】下列有关物质的检验中正确的是（   ）。

A. 向某溶液中滴加 NaOH 溶液，最终产生红褐色沉淀，则该溶液中一定含 Fe^{3+}

B. 用洁净的铂丝蘸取某溶液进行焰色反应，火焰呈黄色，则溶液中一定含 Na^+

C. 将某气体通入澄清石灰水中，有白色沉淀生成，则该气体一定是 CO_2

D. 某溶液中滴加 $BaCl_2$ 溶液，有白色沉淀生成，则溶液中一定含 SO_4^{2-}

【答案】B

解析

A. 最终产生红褐色沉淀，则可能是原溶液中含有 Fe^{2+}，与 OH^- 结合生成 $Fe(OH)_2$ 白色沉淀，而 $Fe(OH)_2$ 非常容易被氧气氧化，经历白色到灰绿色最终到红褐色，生成 $Fe(OH)_3$ 沉淀，故错误；B. 钠元素的焰色反应的颜色为黄色，溶液中不可能是钠单质，故正确；C. 若气体为 SO_2，与 $Ca(OH)_2$ 反应生成 $CaSO_3$，也是白色沉淀，故错误；D. 若原溶液中含有 Ag^+，则会与 $BaCl_2$ 中的 Cl^- 反应，生成 $AgCl$ 白色沉淀，故错误。

例3 【高中】在农业生产中常施用草木灰增加土壤中钾肥，草木灰的主要成分是 K_2CO_3，请设计实验方案证明该物质的存在。（写出实验步骤、实验现象、实验结论）

（1）检验 K^+ 的方案。

（2）检验 CO_3^{2-} 的方案。

【答案】（1）将草木灰溶解并过滤得到的滤液加热浓缩，取样品实验，用洁净的铂丝蘸取样品在酒精灯上灼烧，透过蓝色钴玻璃观察火焰颜色，呈紫色，则含 K^+。（2）取样品置于烧杯中，加足量氯化钙溶液，过滤取滤渣，向滤渣中加入足量盐酸，并用澄清石灰水检验生成的无色无味气体，若澄清石灰水产生白色浑浊，则含有 CO_3^{2-}。

解析

熟记常见微粒的检验方法。

例④ 【中考·深圳】初步学习运用简单的装置和方法制取某些气体，是初中学生的化学实验技能应达到的要求。

（1）某学习小组将实验室制取常见气体的相关知识归纳如下：

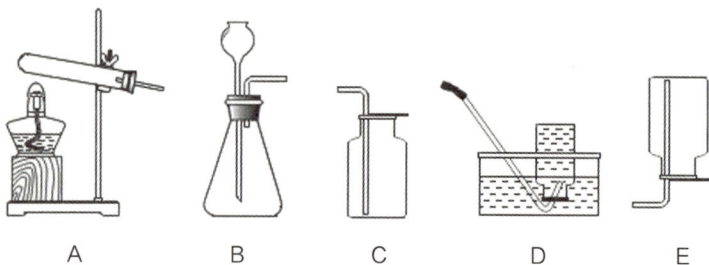

A　　B　　C　　D　　E

气体	方法（或原理）	发生装置	收集装置
O₂	方法1：加热氯酸钾	均可选择A装置（可根据需要添加棉花）	均可选择_____装置（填标号）
	方法2：加热_____		
	方法3：分解过氧化氢溶液	均可选择_____装置（填标号）	
CO₂	化学方程式为_____		

（2）该小组将制取的 O_2 和 CO_2（各一瓶）混淆了，设计如下方案进行区分。

方案	现象	结论
方案1：将带火星的木条分别伸入两个集气瓶中	若带火星的木条_____	则该瓶气体是 O_2
方案2：向两个集气瓶中分别滴入少量的_____溶液，振荡	若溶液变浑浊	则该瓶气体是 CO_2
方案3：向两个集气瓶中分别倒入少量的水，振荡后再加几滴紫色石蕊溶液	若紫色石蕊溶液变_____色	则该瓶气体是 CO_2

【答案】（从上到下，从左到右）（1）高锰酸钾 $CaCO_3+2HCl == CaCl_2+H_2O+CO_2\uparrow$ B（发生装置） C（收集装置）（2）氢氧化钙 复燃 红

习题练手

1.【中考·深圳】以下实验方案错误的是（　　　）。

选项	实验目的	实验方案
A	除去红墨水中的色素	过滤
B	区分 O_2 和空气	将燃着的木条伸入集气瓶
C	区分真黄金与假黄金	放在空气中灼烧
D	比较 Ag 与 Cu 的活泼性	把洁净铜丝放入 $AgNO_3$ 溶液中

2.【高中】对于某些物质的检验及结论一定正确的是（　　　）。

　　A. 向某溶液中加入一定量的 NaOH 溶液，产生白色沉淀，则原溶液中一定是 Mg^{2+} 的溶液

　　B. 向某溶液中加入硝酸银溶液，有白色沉淀产生，则原溶液中一定有 Cl^-

　　C. 向某溶液中加入盐酸酸化，无明显现象，再加入 $BaCl_2$ 溶液，产生白色沉淀，则原溶液中一定有 SO_4^{2-}

　　D. 向无水 $CuSO_4$ 固体中通入水蒸气，固体变蓝，说明 $CuSO_4$ 固体吸水，可用作干燥剂

3.【高中】下列叙述正确的是（　　　）。

　　A. 能使湿润的淀粉-KI 试纸变成蓝色的气体一定是 Cl_2

　　B. 用硝酸酸化的硝酸银溶液能一次性鉴别 NaCl、NaBr、KI 三种溶液

　　C. 某溶液中加入盐酸酸化的氯化钡，有白色沉淀，证明原溶液中一定存在 SO_4^{2-}

　　D. 可用酸性高锰酸钾溶液检验氯化亚铁中的 Fe^{2+}

4.【中考·深圳】为探究某塑料的组成元素，设计了实验，回答下列问题。

实验操作	实验现象	结论
连接装置，检查气密性，装入试剂并按下图进行实验。通入 O_2，一段时间后，点燃 J 处酒精灯	装置 K 中无水 $CuSO_4$ 变①_____色	塑料燃烧产物中有 H_2O
	装置 L 中②_____	塑料燃烧产物中有 CO_2

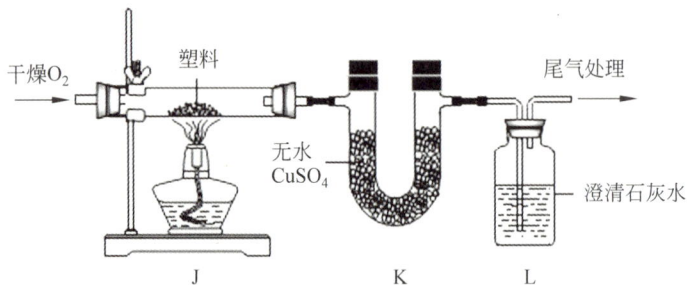

③由上述实验可知，该塑料中一定含有的元素是_____（填元素符号）。

5.【中考·广州】下图是实验室制备气体的部分装置：

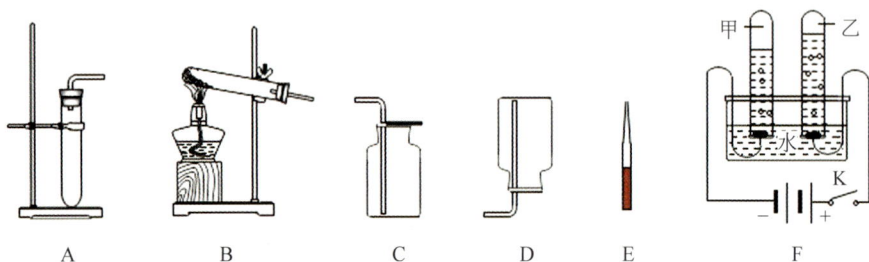

（1）加热混有二氧化锰的氯酸钾制备一瓶氧气，用于性质实验。

① 该方法制得 O_2 的化学方程式是_____。

② 可选用____和____（填序号）装置组合。

（2）氢气被认为是理想的清洁、高能燃料。

① 实验室用锌与稀硫酸制取氢气并验证其可燃性，可选用____（填序号）与 E 装置组合，在 E 管口点燃。实验过程是：组装仪器→检查装置气密性→装入药品制备氢气→_____→点燃。

② 电解水也可制得 H_2。装置如图 F，____管中产生的是氢气。

5.（1）① $2KClO_3 \xrightarrow[\Delta]{MnO_2} 2KCl+3O_2\uparrow$ ② B C （2）① A 由②由

1.A 2.C 3.B 4.①瘪 ②燃烧石灰石和水变浑浊 ③ C、H

习题详解手册

第14单元
地球化学

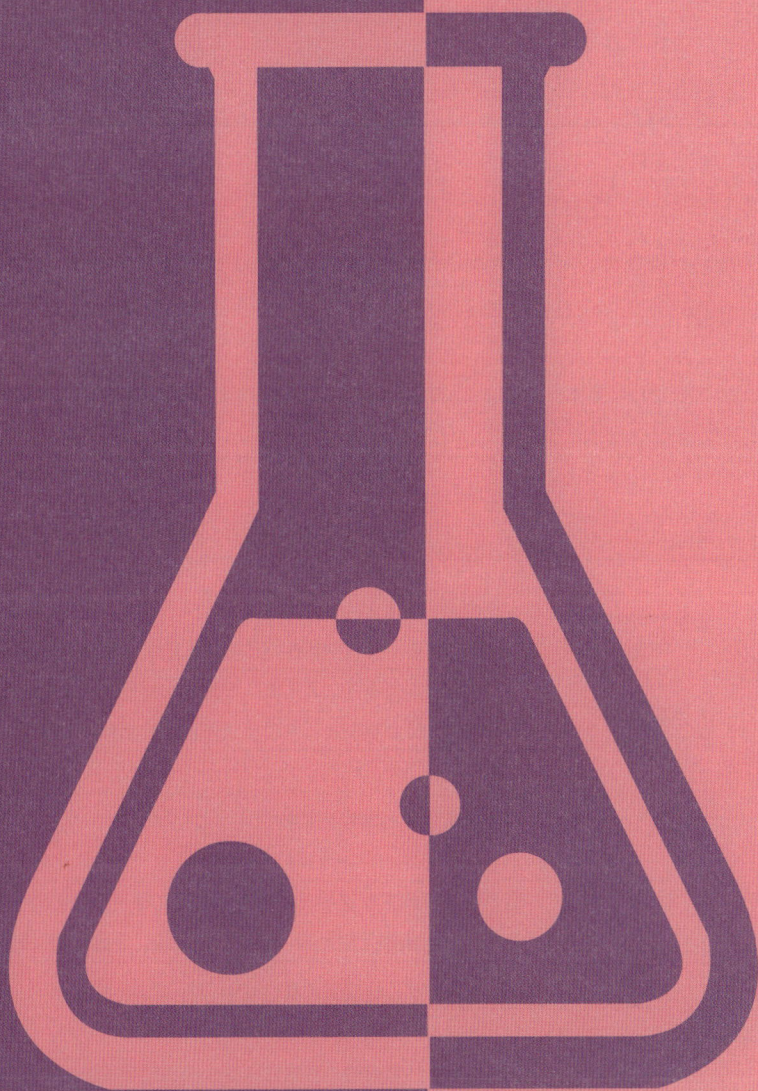

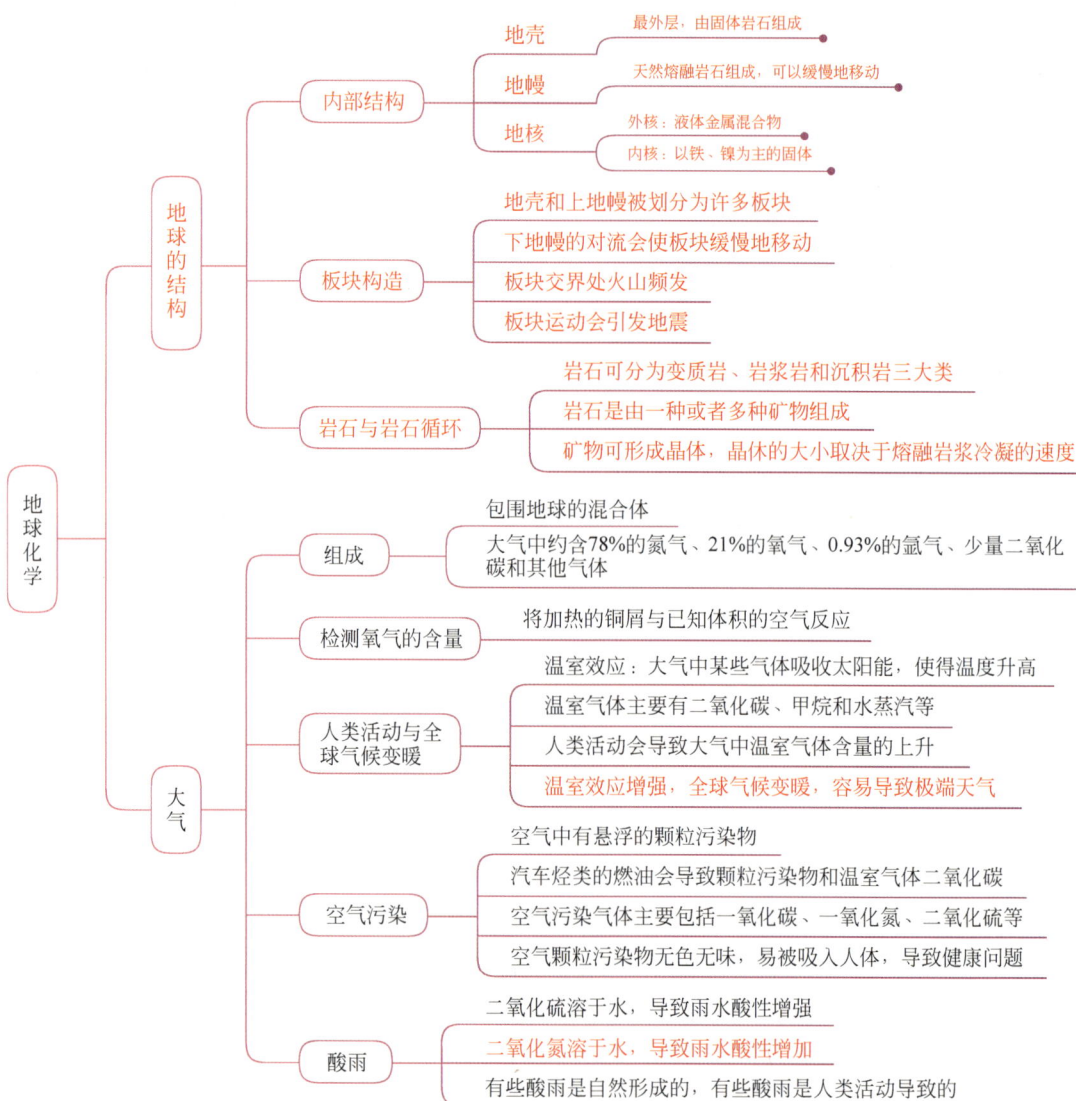

对于地球化学这个词，大家是不是很陌生？其实所谓地球化学主要是研究地球的化学组成、化学作用和化学演化，包含地球的内部构造、大气的组成、碳循环等丰富的内容。接下来让我们一起来进一步了解地球化学吧！

知识大拼图

- **地球化学**
  - **地球的结构**
    - **内部结构**
      - 地壳 —— 最外层，由固体岩石组成
      - 地幔 —— 天然熔融岩石组成，可以缓慢地移动
      - 地核
        - 外核：液体金属混合物
        - 内核：以铁、镍为主的固体
    - **板块构造**
      - 地壳和上地幔被划分为许多板块
      - 下地幔的对流会使板块缓慢地移动
      - 板块交界处火山频发
      - 板块运动会引发地震
    - **岩石与岩石循环**
      - 岩石可分为变质岩、岩浆岩和沉积岩三大类
      - 岩石是由一种或者多种矿物组成
      - 矿物可形成晶体，晶体的大小取决于熔融岩浆冷凝的速度
  - **大气**
    - **组成**
      - 包围地球的混合体
      - 大气中约含78%的氮气、21%的氧气、0.93%的氩气、少量二氧化碳和其他气体
    - **检测氧气的含量**
      - 将加热的铜屑与已知体积的空气反应
    - **人类活动与全球气候变暖**
      - 温室效应：大气中某些气体吸收太阳能，使得温度升高
      - 温室气体主要有二氧化碳、甲烷和水蒸汽等
      - 人类活动会导致大气中温室气体含量的上升
      - 温室效应增强，全球气候变暖，容易导致极端天气
    - **空气污染**
      - 空气中有悬浮的颗粒污染物
      - 汽车烃类的燃油会导致颗粒污染物和温室气体二氧化碳
      - 空气污染气体主要包括一氧化碳、一氧化氮、二氧化硫等
      - 空气颗粒污染物无色无味，易被吸入人体，导致健康问题
    - **酸雨**
      - 二氧化硫溶于水，导致雨水酸性增强
      - 二氧化氮溶于水，导致雨水酸性增加
      - 有些酸雨是自然形成的，有些酸雨是人类活动导致的

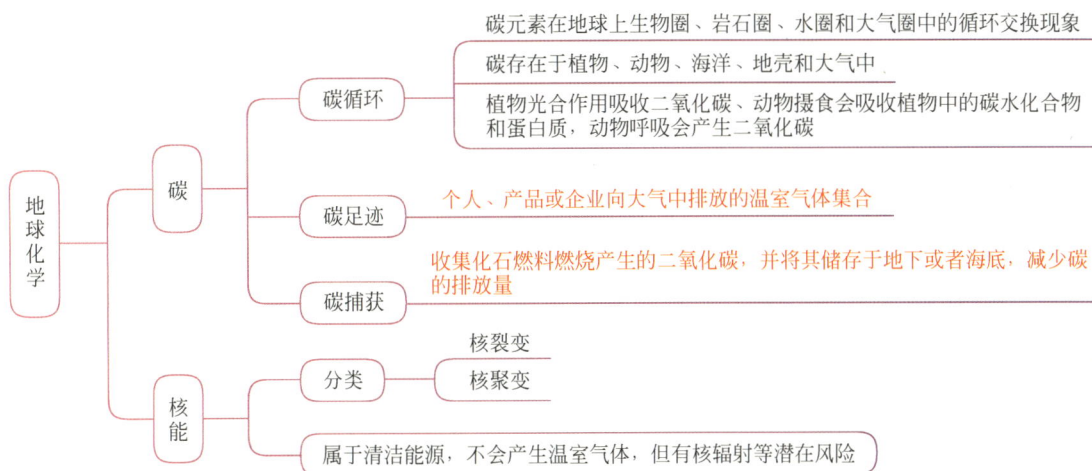

地球化学
- 碳
  - 碳循环
    - 碳元素在地球上生物圈、岩石圈、水圈和大气圈中的循环交换现象
    - 碳存在于植物、动物、海洋、地壳和大气中
    - 植物光合作用吸收二氧化碳、动物摄食会吸收植物中的碳水化合物和蛋白质，动物呼吸会产生二氧化碳
  - 碳足迹
    - 个人、产品或企业向大气中排放的温室气体集合
  - 碳捕获
    - 收集化石燃料燃烧产生的二氧化碳，并将其储存于地下或者海底，减少碳的排放量
- 核能
  - 分类
    - 核裂变
    - 核聚变
  - 属于清洁能源，不会产生温室气体，但有核辐射等潜在风险

点点对对碰

下面我们一起结合《DK 图解中学化学》进行要点梳理吧！

在梳理的过程中，尝试回答表中的问题，看一看能否回答出来。如果答不出，请再次阅读《DK 图解中学化学》或者求助父母、老师吧！

主要内容	《DK 图解中学化学》章节	《DK 图解中学化学》要点梳理（学习检测：尝试回答下列问题）	化学课程标准要求
地球的结构	14-1 地球的内部结构 14-2 板块构造 14-3 岩石 14-4 岩石循环	1. 我们生活在地球上，你知道地球的内部结构是怎样的吗？ 2. 岩石循环都有哪些变化过程？	
我们周围的空气	14-5 大气 14-6 检测氧气的含量	1. 空气看不见、摸不着，我们怎么知道大气是由什么组成的呢？ 2. 空气中氧气的体积分数是多少？	《义务教育化学课程标准》 主题（二）物质的性质与应用 【内容要求】 了解空气的主要成分。 【教学提示】 探究空气中氧气的含量。

主要内容	《DK 图解中学化学》章节	《DK 图解中学化学》要点梳理（学习检测：尝试回答下列问题）	化学课程标准要求
我们周围的空气	14-7 碳循环 14-11 碳足迹 14-12 碳捕获	1. 植物进行光合作用时会吸收空气中的什么气体？ 2. 动植物在呼吸作用时会释放什么气体？ 3. 搜一搜：你知道碳达峰、碳中和的含义吗？	《义务教育化学课程标准》 主题（二）物质的性质与应用 【教学提示】 充分利用"基于碳中和理念设计低碳行动方案"等跨学科实践活动，开展项目式学习。 二氧化碳的捕集与封存、转化与利用，我国实现碳中和目标的措施。 围绕我国碳达峰、碳中和的目标开展讨论，体会我国对推动构建人类命运共同体的责任和担当。
人类活动对环境的影响	14-8 温室效应 14-9 人类活动 14-10 全球气候变暖 14-14 空气污染 14-15 污染引发的问题 14-16 酸雨	1. 燃烧化石燃料等人类活动会对空气有什么影响？ 2. 全球气候变暖带来的后果有哪些？ 3. 空气中的颗粒物的危害有哪些？ 4. 空气污染物主要包括哪些？ 5. 酸雨是如何形成的？ 6. 你觉得提高燃料效率的方法有哪些？	《义务教育化学课程标准》 主题（四）物质的化学变化 【内容要求】 燃烧条件的探究。 【学业要求】 能运用变量控制思想设计燃烧条件等实验探究方案。 主题（五）化学与社会·跨学科实践 【内容要求】 理解化学与生态环境保护、医药研制及营养健康的关系。 知道资源开发、能源利用和材料使用可能会对环境产生影响，树立环保意识。 【学业要求】 能举例说明化学在保护环境、维护人体健康等方面的作用。 《普通高中化学课程标准》 必修主题 3"物质结构基础与化学反应规律" 【内容要求】 体会提高燃料的燃烧效率、开发高能清洁燃料和研制新型电池的重要性。

续表

主要内容	《DK 图解中学化学》章节	《DK 图解中学化学》要点梳理（学习检测：尝试回答下列问题）	化学课程标准要求
新能源的开发利用	14-13 核能	1. 核能的特点是什么？ 2. 产生核能的方式有哪两种？ 3. 谈一谈，生活中我们可以从哪些方面节能减排。	《义务教育化学课程标准》 主题（五）化学与社会·跨学科实践 【内容要求】 认识化学在解决与资源、能源、材料、环境、人类健康等相关的问题中的作用。 【学业要求】 初步形成节能低碳、节约资源、保护环境的态度和健康的生活方式。 【教学提示】 太阳能、氢能、风能、核能等新能源的开发与利用。

⚖️ 沙场秋点兵

例❶ 【中考·北京】空气的成分中，体积分数约占 78% 的是（　　）。

A. 氮气　　　　　B. 氧气

C. 二氧化碳　　　D. 稀有气体

【答案】A

🔍解析

空气由氮气（N_2），氧气（O_2），稀有气体（He、Ne、Ar），二氧化碳（CO_2），其他气体和杂质（如 H_2O）组成，按体积分数计算，氮气约占 78%、氧气约占 21%、稀有气体约占 0.94%、二氧化碳约占 0.03%、其他气体和杂质约占 0.03%，故 A 项正确。

例② 【中考·武威】2021年3月,我省大部分地区遭受非常严重的沙尘天气。下列不属于空气污染物的是（ ）。

A. 沙尘　　　　　B. 一氧化碳

C. 二氧化碳　　　D. 二氧化硫

【答案】C

解析

空气污染物主要有有害气体和粉尘。有害气体主要有一氧化碳、二氧化硫、二氧化氮、臭氧等气体；粉尘主要指一些固体小颗粒。A. 沙尘属于粉尘污染,故不符合题意；B. 一氧化碳属于有害气体,故不符合题意；C. 二氧化碳是空气的成分,不是空气污染物,故符合题意；D. 二氧化硫属于有害气体,故不符合题意。

例③ 【中考·丽水】我国宣布力争于2060年前实现碳中和,即二氧化碳的排放与吸收相互平衡（如下图）。下列途径中属于吸收二氧化碳的是（ ）。

排放　　　吸收

A. 绿色植物的光合作用

B. 化石燃料的燃烧

C. 微生物的氧化分解

D. 生物的呼吸作用

【答案】A

解析

A. 绿色植物的光合作用利用光照条件吸收二氧化碳与水,生成葡萄糖,故正确；B. 化石燃料含碳元素,燃烧生成二氧化碳,故错误；C. 微生物的氧化分解,是分解有机物,主要产物是水、二氧化碳,故错误；D. 生物的呼吸作用是吸收氧气,呼出二氧化碳,故错误。

例④ 【中考·嘉兴】日前，全球平均气温较工业化前已上升了1.1℃，其主要原因是自然界中的碳平衡被破坏。2020年9月22日，我国政府承诺：中国将力争于2030年前实现CO_2排放达到峰值，2060年前实现碳中和，即通过各种方式抵消排放的CO_2量，重新实现碳平衡。下图是碳循环和碳中和策略的示意图。

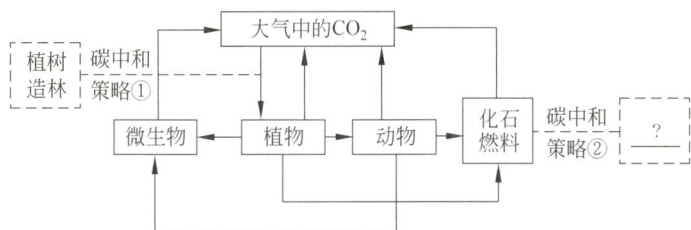

（1）人类进入工业化社会后，化石燃料的大量使用是碳平衡被破坏的主要原因之一，对此可采取的碳中和策略②有_____。

（2）要实现我国政府提出的目标，除图中的策略外，还可用化学方法人工捕获，如将空气通入氢氧化钾溶液反应生成碳酸钾和水。写出用氢氧化钾捕获CO_2的化学方程式：_____。

（3）2020年12月下旬，我国部分地区出现多年未遇的极寒天气，因此有人质疑：今年天气这么冷，地球气温真的在上升吗？对于这样的质疑，你是否认同？并说明理由。_____
_____
_____。

【答案】（1）开发新能源、减少化石燃料的使用　（2）$CO_2 + 2KOH = K_2CO_3 + H_2O$　（3）不认同，因为全球变暖是全球性的气候变化，是大趋势，极寒天气的出现，可能只是偶然性的天气现象

解析

（1）化石燃料的大量使用是碳平衡被破坏的主要原因之一，对此可减少化石燃料的使用，如开发新能源。

（2）氢氧化钾和二氧化碳反应生成碳酸钾和水，该反应的化学方程式为$CO_2 + 2KOH = K_2CO_3 + H_2O$。

习题练手

1.【中考·安徽】2021 年我国政府工作报告中提出"做好碳中和工作"。碳中和是指通过植树造林，节能减排等措施，抵消因人类活动产生的二氧化碳等温室气体排放量，达到相对"零排放"。下列行为不利于实现碳中和的是（   ）。

A. 大量使用一次性餐具

B. 使用新技术提高传统能源的利用效率

C. 利用风能实现清洁发电

D. 研发新工艺将二氧化碳转化为化工产品

2.【中考·扬州】自然界碳循环如下图所示。下列说法正确的是（   ）。

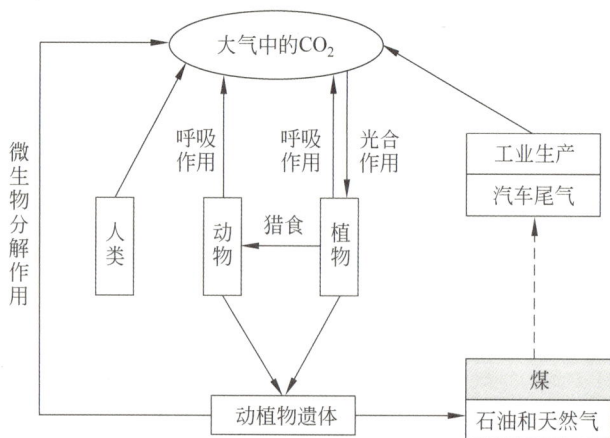

A. 向空气中排放 CO_2 会形成酸雨   B. 无机物和有机物不可相互转化

C. 植树造林有利于吸收 CO_2 D. 煤、石油和天然气是可再生能源

3.【中考·陕西】温室效应加剧引起的气候异常变化是人类面临的全球性问题。我国由此提出"碳达峰"和"碳中和"目标，并将其写入政府工作报告，体现了中国的大国责任与担当。

（1）"碳达峰"与"碳中和"中的"碳"指的物质是＿＿＿＿＿＿＿＿＿＿＿＿。

（2）造成温室效应加剧的主要原因是煤、＿＿＿＿＿＿＿和天然气的过度使用。

（3）植树造林是完成"碳中和"目标的重要途径，其原理是利用绿色植物的_____作用，以减少大气中的温室气体。

（4）生活中，良好的行为习惯也有助于完成目标。下列做法不合理的是_____（填字母）。

  A. 不用电器时及时关闭电源

  B. 外出时多步行或骑自行车

  C. 产生纸质垃圾时焚烧处理

第15单元
资源利用

除了常见的煤、石油、天然气，你还知道哪些资源呢？从化学物质的类别角度，资源可以怎么分类？从是否能再生的角度，资源又可以怎么分类？我们怎样做，才能让资源循环利用，达到可持续发展？请在本单元中寻找答案吧！

知识大拼图

- 资源利用
  - 资源分类（物质类别角度）
    - 非金属材料：原子通过共价键或离子键结合而形成的材料，具有硬度大、熔点高、牢固、绝缘等特点，如陶瓷、玻璃、水泥、砖等
    - 合金（金属材料）：一种金属与少量其他金属或非金属混合制成的具有金属性质的混合物，比纯金属性能更优，如镁硅合金、铜锌合金、钛合金、不锈钢等
    - 合成高分子材料：通过加聚或缩聚反应，将小分子单体连接成长链分子，具有热塑性或热固性，如尼龙、氨纶、聚乙烯、聚氯乙烯等
    - 复合材料：两种或两种以上不同材料优化组合成的新材料，具有独特的优异性能，如玻璃纤维、碳纤维、混凝土、天然复合材料等
    - 水资源
      - 饮用水：天然水经格栅拦截、过滤、氯化和储存等处理，可得到饮用水
      - 海水：经过反渗透膜、蒸馏法等处理，可得到淡水资源
  - 资源分类（是否可再生角度）
    - 可再生资源：不会枯竭的自然资源，如酒精、风能、太阳能、地热、水动能等
    - 不可再生资源：储备有限，最终将枯竭的自然资源，如金属矿石、化石燃料等
  - 资源可持续利用
    - 生物浸出：用微生物从低级矿石中提取元素的方法，无须开采资源，成本低，对环境破坏小
    - 植物采矿：植物吸收土壤中的元素并运送至叶片，再灼烧叶片获取元素的方法，耗能低
    - 金属的腐蚀与防护：金属的腐蚀：金属被空气中的氧气氧化，表面形成氧化层防护方法：涂油漆或油脂、电镀、喷镀等
    - 回收利用：评估材料生命周期，通过垃圾分类等方式，将不同类别的材料回收利用
    - 污水处理：通过筛分、除砂、澄清、生物处理、曝气、化学处理等步骤，除去污水中的固体废物、化学物质、微生物等，达到排放标准或循环使用
  - 其他资源（化肥）
    - 概念：含有植物生长所需元素（氮、磷、钾等）的可溶性化合物
    - 哈伯法：用氮气、氢气制氨气（化肥原料之一）的方法。需从反应速率、产物产率等多角度考虑，选取合适的反应条件

点点对对碰

下面我们一起结合《DK 图解中学化学》进行要点梳理吧！

在梳理的过程中，尝试回答表中的问题，看一看能否回答出来。如果答不出，请再次阅读《DK 图解中学化学》或者求助父母、老师吧！

主要内容	《DK 图解中学化学》章节	《DK 图解中学化学》要点梳理（学习检测：尝试回答下列问题）	化学课程标准要求
非金属与复合材料	15-1 非金属材料 15-2 复合材料	1. 想一想：生活中有哪些非金属材料和复合材料？ 2. 复合材料具备哪些优点？	《普通高中化学课程标准》 必修主题 5 "化学与社会发展" 【内容要求】 知道金属材料、无机非金属材料、高分子材料等常见材料类型，结合实例认识材料组成、性能与应用的联系。
高分子化合物	15-3 合成高分子化合物 15-4 高分子化合物的合成	1. 你知道生活中都有哪些合成高分子化合物吗？ 2. 小分子有机物是怎样变成高分子的？ 3. 衣服、桌板、打包盒都可能是高分子材料，你知道它们的成分吗？	《普通高中化学课程标准》 选择性必修模块 3 "有机化学基础"主题 3 "生物大分子及合成高分子" 【学业要求】 能举例说明塑料、合成橡胶、合成纤维的组成和结构特点，能列举重要的合成高分子化合物，说明它们在材料领域中的应用。
金属材料	15-5 合金 15-7 金属腐蚀 15-8 金属的腐蚀与防护	1. 金属材料为什么可以得到广泛应用？ 2. 请列举几种生活中的合金。 3. 金属为什么会被腐蚀？生活和生产中怎样对金属材料进行防护？	《义务教育化学课程标准》 主题（二）物质的性质与应用 【内容要求】 知道在金属中加入其他元素形成合金可以改变金属材料的性能。 以铁生锈为例，了解防止金属腐蚀的常用方法。 【教学提示】 我国在金属及金属材料领域的研究和应用成就，现代交通、航空航天、国防科技等领域使用的合金材料及其发展，废弃金属的分类回收和再利用。

续表

主要内容	《DK 图解中学化学》章节	《DK 图解中学化学》要点梳理（学习检测：尝试回答下列问题）	化学课程标准要求
资源的综合利用	15-6 可持续发展 15-9 不可再生资源 15-10 可再生资源 15-11 回收利用 15-12 生命周期分析	1. 你能说出几种可再生资源和不可再生资源吗？ 2. 垃圾分类是一种资源回收利用的有效手段，你知道垃圾分为几大类吗？除此之外，你还做过或知道哪些资源回收利用的方法？ 3. 你知道生命周期分析分为哪几个阶段吗？	《义务教育化学课程标准》 主题（五）化学与社会·跨学科实践 【内容要求】 认识化学在解决与资源、能源、材料、环境、人类健康等相关的问题中的作用，体会化学是推动人类社会可持续发展的重要力量。 知道人类生存与发展会面临来自环境、能源、资源、健康和公共卫生等方面的危机与不确定性挑战。 【学业要求】 在跨学科实践活动中，能综合运用化学、技术、工程及跨学科知识，秉承可持续发展观，设计、评估解决实际问题的方案，制作项目作品。
水资源的认识	15-13 饮用水 15-14 海水 15-15 污水 15-16 污水处理	1. 怎样从天然水得到饮用水？ 2. 海水中包含哪些资源？生活在海边的人们可以怎样通过海水得到淡水？ 3. 生活污水可以直接排放吗？怎样处理才能达到排放标准呢？	《义务教育化学课程标准》 主题（五）化学与社会·跨学科实践 【内容要求】 海洋资源的综合利用与制盐。 【学业要求】 能从物质的组成及变化视角，分析和讨论资源综合利用、材料选取与使用、生态环境保护等有关问题。
化肥的合成与意义	15-17 哈伯法 15-18 反应条件 15-19 化肥 15-20 化肥的制造	1. 化肥能提供植物所需的哪些营养元素？ 2. 研究工业合成氨的方法的科学家因此获得诺贝尔奖，你知道他们研究的方法吗？ 3. 利用化学反应进行化工生产时，反应条件的选取要考虑哪些因素？ 4. 怎样提高合成氨的产率？	《义务教育化学课程标准》 主题（二）物质的性质与应用 【内容要求】 知道一些常用化肥及其在农业生产中的作用。 【学业要求】 从辩证的角度，初步分析和评价物质的实际应用，对空气和水体保护、金属材料使用与金属资源开发、低碳行动、资源回收、化学品合理使用等社会性科学议题展开讨

续表

主要内容	《DK 图解中学化学》章节	《DK 图解中学化学》要点梳理（学习检测：尝试回答下列问题）	化学课程标准要求
化肥的合成与意义			论，积极参与相关的综合实践活动。 **《普通高中化学课程标准》** 选择性必修模块 1 "化学反应原理"主题 2 "化学反应的方向、限度和速率" 【内容要求】 认识化学反应速率和化学平衡的综合调控在生产、生活和科学研究中的重要作用。 【教学提示】 讨论合成氨反应条件的选择。

沙场秋点兵

例① 【高中】化学与生产、生活、社会密切相关，下列说法错误的是（　　）。

A. 制作"嫦娥五号"钻杆用的 SiC 增强铝基材料，属于复合材料

B. "酸雨""臭氧层空洞""光化学烟雾"都可能与氮氧化物有关

C. 在海轮外壳上嵌入锌块，可减缓船体的腐蚀速率

D. 盛装新冠疫苗的中硼硅玻璃管为非金属材料，既耐低温又耐强酸

【答案】B

解析

SiC 增强铝基材料为新型无机非金属材料 SiC 和金属材料铝复合而成，属于复合材料，故 A 项正确；酸雨是由氮氧化物和硫氧化物导致，臭氧空洞是由氟氯烃导致，光化学烟雾是由氮氧化物导致，故 B 项错误；船体通常由铁制品制成，锌比铁活泼，两者连接时锌更容易发生反应，导致锌被腐蚀，从而保护铁，故 C 项正确；硼硅玻璃为无机非金属材料，具有硬度大、耐低温、化学性质较稳定等特点，故 D 项正确。

例2 【高中】探索太空、开发 5G 等方面都离不开化学材料的开发和利用，下列说法正确的是（　　）。

A. 大飞机 C919 采用了大量复合材料与铝锂合金，铝锂合金比其纯金属具有更高的强度、韧性和熔点

B. 5G 技术的应用离不开光缆，我国光缆线路总长度超过了五千万千米，光缆的主要成分是晶体硅

C. "神舟十二号"宇宙飞船返回舱外表面使用的高温结构陶瓷属于有机高分子材料

D. 碳纳米管有相当高的强度和优良的电学性能，可用于生产复合材料、电池和传感器等

【答案】D

解析

铝锂合金比其纯金属的熔点低，故 A 项错误；二氧化硅对光具有良好的全反射作用，为光缆的主要成分，但 Si 不能，故 B 项错误；高温结构陶瓷为氮化硅，为无机非金属材料，故 C 项错误；碳纳米管比表面积大，有相当高的强度和优良的电学性能，可用于生产复合材料、电池和传感器等，故 D 项正确。

例3 【中考·福建】钢铁是应用广泛的金属材料。对钢铁制品进行"发蓝"处理，使其表面生成一层致密的氧化膜，能有效防止钢铁锈蚀。2021 年 5 月，"天问一号"搭载"祝融号"火星车成功着陆火星。

（1）"发蓝"过程发生了＿＿＿＿＿＿＿＿（填"物理变化"或"化学变化"）。

（2）致密氧化膜能防止钢铁锈蚀的原因是＿＿＿＿＿＿＿＿。

（3）火星车使用的新型镁锂合金属于＿＿＿＿＿＿（填"金属"或"复合"）材料,实现了探测器的轻量化。

（4）火星车的动力来源于太阳能，人类正在利用和开发的新能源还有＿＿＿＿＿＿＿＿（写一种）。

【答案】（1）化学变化 （2）隔绝氧气和水 （3）金属 （4）氢能（或风能、地热能等，合理即可）

解析

"发蓝"过程中，铁表面生成一层致密的氧化膜，发生了化学变化；致密氧化膜能隔绝氧气与水，可以防止钢铁锈蚀；镁锂合金属于金属材料的一种。

例④ 【中考·长沙】2021 年是全国城市节约用水宣传周活动开展 30 周年，主题是"贯彻新发展理念，建设节水型城市"。下列关于水的说法正确的是（　　）。

A. 淡水资源是取之不尽的

B. 生活污水可以随意排放

C. 海水是纯净物

D. 可以用肥皂水鉴别硬水和软水

【答案】D

解析 淡水资源是有限的，故 A 项错误；生活污水随意排放会造成环境污染，不能随意排放，故 B 项错误；海水是混合物不是纯净物，故 C 项错误；加入肥皂水时，如果产生的泡沫较多，是软水，如果产生大量浮渣，是硬水，可用肥皂水鉴别硬水和软水，故 D 项正确。

例⑤ 【中考·福建】"庄稼一枝花，全靠肥当家"，下列属于复合肥料的是（　　）。

A. NH_4HCO_3

B. KCl

C. $(NH_4)_2HPO_4$

D. $CO(NH_2)_2$

【答案】C

解析 植物生长需要 N、P、K 元素，含有其中两种或两种以上的肥料可称为复合肥料，NH_4HCO_3、$CO(NH_2)_2$ 属于氮肥，KCl 属于钾肥，$(NH_4)_2HPO_4$ 属于复合肥，故选 C。

习题练手

1.【中考·重庆】"嫦娥五号"上使用的记忆合金、SiC 颗粒增强铝基复合材料、高性能芳纶纤维等材料引起了全世界的关注。下列属于有机合成材料的是（　　）。

A. 记忆合金　　　B. 羊毛　　　　C. 芳纶纤维　　　D. 太阳能板

2.【初中】"保护环境"是我国的基本国策。下列说法不应该提倡的是（　　）。

A. 加强生活污水处理厂除磷处理，减少水体的富营养化

B. 实行化石燃料脱硫脱硝技术，减少大气污染物的排放

C. 大力推广燃煤发电以满足工业发展的用电需求

D. 用二氧化碳合成聚碳酸酯可降解塑料，实现碳的循环利用

3.【高中】科技领域取得的许多伟大成就都与化学密切相关。下列有关说法错误的是（　　）。

A. 聚丙烯制造的口罩帮助人类控制了新冠疫情，废弃口罩可埋入地下自行降解

B. "蛟龙"号载人潜水器的外壳使用的耐超高压的钛合金，属于金属材料

C. 空间站使用的太阳能帆板的主要成分是硅单质，将太阳能转化为电能

D. 高铁"复兴号"车厢连接关键部位使用的增强聚四氟乙烯板属于高分子材料

4.【高中】关于哈伯法合成氨气的条件选择，下列有关说法错误的是（　　）。

A. 选择合适的催化剂，可以显著地加快合成反应的速率

B. 增大反应器的压强可提高氨气产率，因此压强越大越好

C. 升温可加快反应速率，但能耗也更高，所以应选择适中的温度

D. 可通过增加廉价的氮气的投入量，来提高氢气的利用率

5.【高考·广东】五一假期，人文考古游持续成为热点。很多珍贵文物都记载着中华文明的灿烂成就，具有深邃的文化寓意和极高的学术价值。下列国宝级文物主要由合金材料制成的是（　　）。

选项	A	B	C	D
文物				
名称	铸客大铜鼎	河姆渡出土陶灶	兽首玛瑙杯	角形玉杯